接客・サービス業のリーダーにとって一番大切なこと

お客様からも
メンバーからも熱愛される
「ホスピタリティチーム」の作り方

船坂光弘

PHP研究所

はじめに

◉キラキラ輝いているはずのリーダーから、笑顔が消えている

先日、ある飲食店の店長がこんなことを言っていました。

「会社から求められることが多すぎます。売上目標の達成、顧客満足度の向上、残業の抑制や有給休暇の消化、ハラスメントやコンプライアンスの遵守、離職率の低下……どれもやらなければいけないと分かってはいますが、求められることが多すぎて、とても会社からの要望に応えきれません」

あるホテルの支配人は、

「人手不足で採用募集をしてもなかなか人が集まりません。私が現場のシフトに入り、プレーヤーとしての役割を担いながらマネジメントしないと現場が回らない状況です」

ある介護職の新人リーダーは、

「リーダーには本当はなりたくなかったけれど、『ほかにやる人がいないからどうしても』と上司から頼まれて仕方なくやっています」

このほかにも、社員は自分一人だけであとは全員アルバイトで店を切り盛りしなければならない店長、外国人スタッフのマネジメントに苦労しているリーダー、ママさんスタッフが多く子供の病気等で急な欠勤に困惑しているマネージャーなど、接客・サービス業の現場リーダーから悲痛の声が聞こえてきます。

本来であれば、接客・サービス業のリーダーは、現場でキラキラ輝き、イキイキと立ち回りながらメンバーを鼓舞して成果を導く存在のはずです。ところが、笑顔が消え、眉間にシワを寄せながら、事務所の片隅でパソコンに向き合っているリーダーの後ろ姿が、よく見られる光景となっています。

それだけ大変な状況の中で、重要な役割を担っている現場のリーダーたちですが、彼らに対しての教育の機会は決して多くありません。コンプライアンスやハラスメントの遵守

といったリスクから職場を守るための研修や講習はあっても、

「スタッフが辞めないために、どんなマネジメントをすればよいのか？」

「部下を成長させて組織の生産性を上げるには、どんなマネジメントが必要なのか？」

「メンバーの力を引き出し、組織を束ねて目標を達成するために、リーダーとして何をすべきか？」

といった実際に現場のマネジメントに役立つ情報や教育の機会は皆無で、手探りで日々悪戦苦闘しながらマネジメントしているリーダーが大半です。

◉本来、接客・サービス業ほどしあわせを実感できる仕事はない

その一方で、あるホテルマンは私にこんなことを話してくれました。

「私はホテルの仕事が大変で異業種に転職をしましたが、そこでの仕事は自分が必要とされている感じが無く、自分でなくてもいいと感じました。でもホテルの仕事は、お客様から『あなたに会いにきた！』と言われる仕事。つまり自分がお客様に必要とされている仕事だと改めて気づいたので、私にはホテルの仕事しかないと思い、この業界に出戻りしました」

そんな彼女はホテルのフロントで、今もお客様と向き合いながらキラキラ働いています。

きっと、**今は苦悩しているリーダーの皆さんも、お客様の「笑顔」が見られることや「ありがとう」の言葉が嬉しくて、この接客・サービス業を選んだはず**です。

それなのに、リーダーになってから管理業務や事務作業に忙殺され、そんな自分の仕事の意味すらも忘れかけているリーダーが多いのではないでしょうか。

◉私のリーダーとしての人生を変えた言葉

実はかくいう私が、まさにそうでした。

私は大学を卒業して「人と関わる仕事をしたい」という想いから、新卒で長野県松本市にあるホテルに就職しました。

それからフロント、ベルマン、ハウスキーピング、宴会、レストラン、ウェディングと様々な部署を経験しました。

そして33歳のとき、マーケットの競争激化により420組あった婚礼組数が287組まで落ち込んでしまったウェディング部門（15名）の支配人に抜擢されます。

しかし、当時の私は部下15名を従えるほどの器量も、マネジメントスキルもまったくありませんでしたし、そんなことを教わったこともありませんでした。

それから私は見様見真似でマネジメントをしてみましたが、結局自分一人で頑張っても空回りするだけで、業績は回復するどころかさらに下がる一方です。

私は「自分がなんとかしなければ」という使命感から、本来の支配人としての重要なマネジメント業務から逃げるように、部下そっちのけで自分の得意分野であるお客様との接客に没頭していました。

そんなあるとき、私の尊敬するある方からこんなことを言われました。

「船坂さん、あなたの今の支配人としての立ち回り方では、あなたの価値は下がる一方ですよ」

「どういう意味ですか？」と聞くと、その方はさらにこうおっしゃいました。

「あなたが担当のお客様を大切にすることはすごく大事なことです。船坂さんが担当することによって、きっとそのお客様はしあわせな夫婦になれると思います。しかし、それは船坂さんが担当できるせいぜい年間50組のカップルだけの話です。あなたはこの部署を束ねる支配人であり、組織としてのパフォーマンスを最大化することが本来の役割のはずです。しかもあなたには愛すべき部下が15名もいる。その部下たちが同じようなスキルを身に付け、同じようなサービスを提供できるようになったら、部下一人当たりの担当数50組×部下15名、つまり年間750組ものお客様をしあわせにできることになります。あなたが支配人として会社や社会に提供する価値は、どちらのほうが大きいか分かりますよね？」

私にとって、その言葉は衝撃でした。

なんとかしなければいけないという焦りから一人で頑張ってきたけれど、結果的に独《ひと》りよがりで自分勝手だったことに気づきました。

この出来事が私のリーダーとしての人生を大きく変えることになります。

それから私は部下に対して、ウェディングという仕事の素晴らしさを伝え、メンバーの想いや考えていることに耳を傾け、メンバー一人ひとりが持っている力をどうしたら引き出せるのかを考え、部下がやりたいことができるようにサポートする役に徹しました。

◉一番大切なのは、部下に対する「ホスピタリティ」

こうしてリーダーである私の「思考」と「行動」が変化したことにより、前年まで歯止めが利かなかった婚礼組数の落ち込みがついにプラスに転換します。それどころか、287組から451組へと激増し、売上も前年比で1・9倍に増え、その結果、全国のホテルの中で1年間で伸ばした売上が第1位となり、地方都市では異例の日本一を成し遂げることもできたのです。

この経験によって、私はプレーヤーとしてではなく、リーダーとして部下が提供したサービスを通じてお客様の喜びを感じることができました。また、自分のマネジメントで部下がグングン成長していく姿を目の当たりにすることで、**今まで自分には無かったリーダーとしての仕事の喜びややりがい、そして、リーダー職の素晴らしさを実感**することもできました。

そしてそれに加えて、「接客・サービス業ならではの効果的なマネジメントがあること」を確信したのです。

それは、

「リーダー一人で頑張ってもたかが知れているということ」

「労働集約型のサービス業だからこそ、メンバー全員のパワーを最大化するマネジメントをしなければ、組織に突き抜けるパワーが生まれないということ」です。

そして、そんなマネジメントを体現するために、私が一番大切だと確信したのは、部下に対する「ホスピタリティ」です。

ホスピタリティというと、お客様へのおもてなしや厚遇といったイメージがあり、「なぜ部下に？」と思った人もいるかもしれませんが、よく考えてみてください。社内の人間関係や職場環境が悪ければ、お客様に心からの笑顔やホスピタリティは提供されるはずもありません。もっと言えば、リーダー自身にメンバーに対するホスピタリティが伴わなければ、部下はお客様に心がこもったホスピタリティを提供するはずがありません。

私がこのような成果が出せたのも、**自分よがりのマネジメントから部下を生かすマネジメントに変えたことがすべて**、と言っても過言ではないのです。

そしてこれは決して難しいことではありません。あなたが普段お客様を想うような気持ちで部下と向き合い、ホスピタリティをベースとした「思考」や「行動」を積み重ねるだけで叶うのです。

◉「金銭的報酬」と同じくらい「精神的報酬」が重要な時代

これからの時代は、スタッフにとって給料や賞与といった「金銭的報酬」と同じくらい、承認や成長といった「精神的報酬」が重要な時代です。あなた自身がこの時代変化に適応したマネジメントにステップアップしないと、時代に取り残されてしまいます。

私はこのような経験をきっかけに、「社会にもっと、大きな価値を提供したい」という想いを持つようになり、17年間お世話になったホテルを卒業して、今から13年前に今のザ・ホスピタリティチームという会社を立ち上げることになります。

そして、今ではホスピタリティ・コンサルタントとして、宿泊業だけではなく、医療・介護・保育・住宅・保険・小売りをはじめ様々な業界の皆さまに、研修・コンサルティング・セミナー・講演等の活動を通じて、接客・サービス業に特化した経営課題を解決するサポートをしています。

最近では年間250回の研修・講演を行い、これまでのべ1万人を超える皆さまに受講していただき、接客・サービス業で頑張っている皆さまのサポートをするために全国で活動しています。

◉ちょっとした「思考」と「行動」を変えるだけ

本書は、そのような接客・サービス業の現場で頑張っているリーダーの皆さまに向けた内容となっており、ホテルでの現場経験とホスピタリティ・コンサルタントとしての支援実績を踏まえて、接客・サービス業の現場リーダーに必要なマネジメントのノウハウを惜しみなくお伝えします。

しかもそれは壮大なことをするわけではなく、前述のように、**日々のちょっとした「思考」や「行動」をメンバーへのホスピタリティをベースとしたものに変えること、そしてそれを積み重ねることで誰でもが叶うノウハウ**です。

これまでも、

●辞めるスタッフが後を絶たなかったレストランが、「メンバー全員が愛せる店」を目指すようになり、離職率30％から10％に減少。

●あるホテルで、「お客様ファースト」の文化を組織に浸透させて、『じゃらん』の口コミ評価5点満点中3・9だったのが4・8にまでアップ。業績もそれに伴い向上し、26ヵ月連続売上目標達成。

●あるウェディング施設で、「組織内の人間関係悪化」により業績が下がり続けていたチームが、メンバー全員で課題と向き合い解決したことにより前年比160％の売上向上。

など、リーダーシップのあり方を変えただけでこれだけの成果が得られています。

そして、本書は忙しい現場リーダーの皆さまのために、各項目読み切り型でどこから読んでも理解できる構成にしていますので、気になる項目から読んでいただいて構いません。

管理職になって間もない新米リーダー、自身のマネジメントの答え合わせをしたいベテランリーダー、将来リーダーにはなりたいけど不安を抱えている未来のリーダー、そして、サービス業の現場を抱える経営者、どの皆さまにも理解しやすく役立つ内容となっております。

サービス産業（第三次産業）は、今やＧＤＰの75％を占める日本の産業の中心となっています。

そして、これからの時代、**全産業がサービス産業化に向かっており、「モノ」ではなく「コト」**、**「ハード」ではなく「ハート」の時代**です。

しかも組織の課題はどの業界でもほとんど変わりません。そうした意味で、本書は接客・サービス業に限らず、あらゆる産業の皆さまのお役に立てると自負しております。

◉サービス産業の現場リーダーが輝けば、日本の未来も輝く

インターネットにより、人を介さなくても商品やサービスを手に入れられる時代がすでに到来しています。コロナ禍の影響もあり、これからAI化が進み、人を介さないビジネスはさらに増えていくでしょう（ウィズ／アフターコロナ時代の接客・サービス業のあり方については、「おわりに」をお読みいただければ幸いです）。

しかし一方で、人の温もりやおもてなし、人の繋がりや絆といった「**人でなければ提供できない付加価値がより求められる時代**」であることも確かであり、その点では接客・サービス業がより重要な役割を担う時代とも言えます。

その日本の最重要産業であるサービス産業で、中核を担う現場リーダーがキラキラ輝くことは、日本の未来の輝きに大きな影響を及ぼすと確信しています。

リーダーであるあなたが輝けば、その輝きがスタッフに伝播し、その輝いたスタッフか

らサービスを受けるお客様が輝き、そしてそれによってリピーターが増えて会社が輝き、そして、輝く人たちで溢れ、社会も輝いていく――。

接客・サービス業は、それだけこれからの日本を築き上げるパワーを持つ、社会的価値の高い仕事です。

そんな輝かしい日本を築くキーマンはあなたです。

さぁ、輝きのある明日へ一緒に踏み出しましょう!

ザ・ホスピタリティチーム株式会社代表取締役/ホスピタリティ・コンサルタント
船坂光弘

はじめに 001

第1章
メンバーもお客様もハッピーにするリーダーの「思考と行動習慣」

01 メンバーが「疲弊しているチーム」を「輝いているチーム」に変えるには？ 024
02 「職場内のホスピタリティ」を高めれば、「お客様へのホスピタリティ」も自然と高まる 030
03 ホスピタリティチームになるための5つのステップ 034
04 部下に「要求」するマネジメントから部下に「貢献」するマネジメントに変える 040
05 ホスピタリティが現代のマネジメントに不可欠な理由 044
06 難しい顔で戦略を考えるよりも、笑顔で職場のムードを良くするほうがうまくいく 050

07 組織をプラスのエネルギーで満たすリーダーの思考習慣 054
08 「結果を厳しく求める」リーダーと「調和を優しく求める」リーダーの成果の違い 058
09 部下の心の栄養を満たす行動を習慣にする 062
10 「虚勢を張る」リーダーと「自分らしくいる」リーダーの違い 068
11 自分より上の上司を動かせるリーダーになる 072
12 接客・サービス業のマネジメントは「ロマン」→「ソロバン」の順番が大切 076
13 「薄っぺらい」リーダーだった私も、「自分の信念」を持つことで大きく変われた 080

第2章 部下一人ひとりの「やる気と力」を最大限引き出すコツ

01 まず部下の「心のコップ」を上向きにする 086
02 メンバーの「やる気スイッチ」を探し当て、押しまくる 090

03 部下のモチベーションを高めるために必ず知っておきたい「二要因理論」 094
04 会社が与える「金銭的報酬」と同じくらい、上司が与える「精神的報酬」は重要 100
05 部下の可能性に「フタをするマネジメント」と部下の可能性を「伸ばすマネジメント」の違い 104
06 自分の持てる力を発揮できていない「もったいない部下」をなくすには？ 108
07 部下の力を「最大化する評価」と「最小化してしまう評価」の違い 112
08 これからは部下の「業務スキル」よりも「ヒューマンスキル」を磨く時代 116

第3章

チーム全体の課題を解決し、「組織力」を最大化する

01 協働により「シナジーを生む組織」と「疲弊するだけの組織」の違い 124
02 離職率が「高い職場」と「低い職場」の環境の違い 130
03 マネジメントは「従業員満足度」から「エンゲージメント」追求の時代へ 134

04 みんなが気持ち良く働けるように、職場のルールを話し合いながら決める――138
05 「生産性の高い会議」と「ムダな会議」のやり方の違い――142
06 「正しい意思決定」ではなく、「効果的な意思決定」を意識する――146
07 現場力を高める効果的な「情報共有」の仕方――150
08 リーダーのマネジメントスタイルで出来上がる組織は変わる――154

第4章 部下がグングン成長する「現場教育」のやり方

01 何故、これからの時代は人財育成が重要なのか？――162
02 「忙しくて部下育成できないリーダー」と、「忙しくても部下育成に取り組むリーダー」の差――168
03 「場当たり的」な部下育成と「体系化」された部下育成の違い――172
04 部下はあなたの期待を理解していますか？――176

05 部下が「やりたい」と感じる目標と部下が「負担」と感じる目標の違い 180
06 部下を成長させたいのであれば
リーダーは「指示」ではなく「問い」を大切にする 186
07 日々の業務を「学び」と「成長」の機会に変える 190
08 部下の目が「輝き続ける」マネジメントと「曇ったまま」のマネジメントの違い 194

第5章 必ず「目標達成」するチームになるために

01 「目的」を追いかけている組織と「目標」を追いかけている組織の違い 202
02 目標「達成」は、目標「設定」で8割決まる 208
03 目標達成のカギを握る効果的な「役割分担」と「権限委譲」 212
04 目標達成までのプロセスを楽しむ仕組みを作る 216
05 他社と圧倒的な差をつける独自性・差別化戦略 220

06 お客様からたくさんお金をいただくことは「悪」ではない 226
07 「顧客満足度」ではなく「顧客感動度」にこだわる 230
08 お客様から熱愛されるホスピタリティチームを作る 234

Q&A 現場リーダーの悩みはこれで解決！

Q1 職場の人間関係がグチャグチャでどうすればいいのでしょうか？ 242
Q2 年上の部下をどうマネジメントすればよいか教えてください 246
Q3 リーダーの仕事は大変なことばかりで割に合いません！ リーダーをするメリットはあるのでしょうか？ 250
Q4 ハラスメントが怖くて、部下に言いたいことを言えません。どうすればよいのでしょうか？ 254
Q5 リーダーとしての自信が持てません。どうすれば自信を持てるようになるのでしょうか？ 258

Q6 会社や仲間の不満や悪口ばかりを言う部下をどうマネジメントしていいのやら…… 262
Q7 良いサービスをしたくても社員は私一人で、あとは全員アルバイト。どうすればよいのでしょうか？ 266
Q8 クレーム対応が本当に苦手です。どうすればよいでしょうか？ 270
Q9 採用募集をかけても人が集まりません。どうすれば応募してもらえるのでしょうか？ 278
Q10 業務に忙殺されて自分の心に余裕が持てません。どうすれば余裕が持てるようになるのでしょうか？ 282
Q11 どのようにすれば、NO．2を育てられるのでしょうか？ 286
読者特典
ホスピタリティチームになるためのワークシートを読者限定プレゼント！ 290
おわりに――接客・サービス業こそが、コロナ後の日本を明るく元気にする！ 294

装幀　小口翔平＋喜來詩織（tobufune）
図版・本文デザイン　桜井勝志

第1章

メンバーもお客様もハッピーにするリーダーの「思考と行動習慣」

01

メンバーが「疲弊しているチーム」を「輝いているチーム」に変えるには？

◉「先生、こんな研修をやっても無駄だと思います」

私が起業して間もない頃のことです。

あるサービスエリアの支配人から、こんな研修依頼がありました。

「うちのスタッフは、とにかく笑顔が無いし、気遣いも足りないから、船坂さんの力でホスピタリティを教育してください」

私は快諾し、研修当日は現場で働くスタッフたちと、

「もっと、笑顔でお客様をお迎えするにはどうしたらいいのだろうか？」

「どうしたら、お客様にまた来たいと思われるサービスを提供できるだろうか？」

といったことを話し合っていました。

そんなときでした。ある年配女性スタッフが突然手を挙げ、みんなの前でこう発言したのです。

「先生、こんな研修をやっても無駄だと思います」

私はとっさに「それは、なぜですか？」と質問しました。すると、

「社内の人間関係が悪いのに、お客様に心からの笑顔なんかできるわけがありません。私たちにこんな研修をするより、まず上司に研修をしてください」

と言われたのです。

正直ショックでした……。

それ以来、企業にうかがって研修やコンサルティングをする際に、チェックするポイントが変わりました。その企業が「お客様にどんなサービスをしているか」以上に、「スタッフがイキイキ働けているか」「心からの笑顔をお客様に提供できる環境かどうか」といったスタッフや組織の状況をより注意深く観察するようになったのです。

◉良いサービスを提供したければ、良い職場にすること

すると、組織は大きくふたつのタイプに分かれることが見えてきました。

ひとつは、全員がお客様のほうを向いて目標に向かって一丸となり、スタッフ同士の尊重や思いやりに溢れ、メンバーがキラキラ輝く**「ホスピタリティチーム」**。

そしてもうひとつは、全員がお客様のほうを向かずに社内や上司のほうを向いていて、お互いの批判ばかりをして消耗戦を繰り広げている**「疲弊するチーム」**です。

また、業績も明らかに「ホスピタリティチーム」のほうが良く、「疲弊するチーム」のほうが悪いという傾向も、はっきり見えてきました。

このことから分かるのは、お客様に良い接客サービスを提供して、業績を上げたいのであれば、まずは社内や職場がうまくいっていないとだめだということです。

現代は、成熟化が進み、お客様の接客サービスに対する期待値が上がっている時代です。そんな中で、私たち接客・サービス業に求められているのは、スタッフの上辺ではない、心のこもった主体的な接客サービスです。それがお客様へのサービス品質、顧客満足度、リピート率、生産性、業績などの向上に繋がっていくのは言うまでもないでしょう。

「ホスピタリティチーム」と「疲弊するチーム」の違い

○【ホスピタリティチーム】

メンバー同士に思いやりがあり、認め合い
組織内に信頼関係がある
⬇
働いているメンバーはこのチームが好き。
みんなと働けて楽しい
⬇
仕事に喜びと誇りを感じる
⬇
お客様にキラキラした接客サービスを提供。
良いムードがお客様に伝わる
⬇
みんなが輝けるチーム

×【疲弊するチーム】

メンバー同士に思いやりがなく、
否定・批判ばかりで組織内が殺伐としている
⬇
働いているメンバーはこのチームが嫌い。
自分がここにいる必要性を感じない
⬇
やらされ感
⬇
お客様に上辺だけの接客サービスを提供。
悪いムードがお客様に伝わる
⬇
みんなが疲弊するチーム

そうしたサービスを実現するためには、**上司部下、先輩後輩関係なく、職場のメンバー同士がお互いを思いやり、認め合いながら、目的・目標に向かってひとつになる**こと。そしてお互いを生かし、一人ひとりが輝く組織を作ることが重要であり、それがすべての結果を導く最強のマネジメントなのです。

◉リーダーの思考や行動が少し変わるだけで、組織は劇的に変わる

もしも今、あなたの組織が「疲弊しているチーム」であったとしても悲観する必要はありません。

私から見ると、接客・サービス業で働く人たちは基本的に人が好きな人たちで、一人ひとりはみんないい人たちばかりです。

そして、その人なりに一生懸命仕事をしていて、「お客様に喜んでもらいたい」「自分の働くこの会社をもっと良くしたい」という想いはみんな持っています。

しかし、メンバー同士のちょっとした思い違いや理解不足、コミュニケーション不足で関係性が構築できていなかったり、個々の能力が十分に発揮できていない組織環境に、結果的になってしまっているのが現状です。

つまり、**本来は「ホスピタリティチーム」であるはずのチームが「疲弊するチーム」になってしまっている惜しい組織ばかり**なのです。

その明暗を分けているのは、やはり組織の中で最も影響力の大きいリーダーの存在です。

リーダーが普段、どのような思考と行動でメンバーに関わり、向き合っているか。

これによって組織は「ホスピタリティチーム」にも「疲弊するチーム」にも成り得ます。逆に言えば、**リーダー自身の普段の思考と行動をちょっと変えるだけで、劇的に組織は変わることができる**のです。

人間と同様、組織も成長します。現状に満足することなく、あなたの思考と行動を変えて、今の組織をひとつ上のステージに進化させていきましょう。

ホスピタリティチームになるために

まずは、メンバー全員がキラキラ輝いているか考えてみる

02

「職場内のホスピタリティ」を高めれば、「お客様へのホスピタリティ」も自然と高まる

◉ホスピタリティをマネジメントに活用する5つのメリット

ホスピタリティ（Hospitality）の解釈は人それぞれですが、一般的には「お客様への厚遇やおもてなし、思いやりや気遣い」といった意味を想像する方が多いと思います。

一方で、ホスピタリティは「ホテル（Hotel）」の語源であり、ホテルサービスの根幹の考え方でもあります。

私が17年間お世話になったホテルを卒業したのも、ホテルマンとして現場で培ったホスピタリティの概念をホテル以外のサービス業の皆さまと共有できれば、顧客満足度の向上やサービス業全体の品質向上に貢献できる、という確信があったからです。

しかし、前述の通り、**お客様へのホスピタリティを高めたければ、まずは職場内、社内のホスピタリティを高めることが不可欠**です。つまり、顧客サービスという視点でホスピ

タリティを活用するのではなく、「社内のホスピタリティを高めれば、必然的にお客様へのホスピタリティは高まる」という視点でマネジメントに活用するのが、ホスピタリティの正しい活用の仕方なのです。

ホスピタリティをマネジメントに活用することで、次のような変化が組織にもたらされます。

①部下が辞めなくなる

スタッフが辞める真の退職理由の第1位は、社内の人間関係によるものです。組織内にホスピタリティが溢れれば、社内の人間関係のストレスは無くなり、退職者は確実に減少します。

②生産性が上がる

スタッフが辞めなくなれば、いつも新人を抱えながら教える手間も減り、経験の長いスタッフが多くなればサービス品質も安定します。また、社内のストレスが無くなれば、スタッフのやる気が自ずと上がり、生産性は大きく向上します。

③組織、会社が好きになる

メンバー同士がお互いを思いやり、個性を認めてお互いを生かし合うと、自組織や自社へのロイヤリティが向上し、この仲間・組織・会社が好きになります。

④メンバー自らが目標達成したくなる

メンバーが自分の組織や仲間を愛せるようになると、その組織が目指している目標達成にコミットし始めます。会社から与えられた「やらされる目標」から、愛する組織が目指す「やりたい目標」というように意識も変わり、目標に向かって自走し始めるのです。

⑤リーダーのつまらない悩みが無くなる

リーダーが抱える組織に対する課題も、組織内の人間関係のトラブルや退職希望者へのケアといったものから、顧客満足向上や売上目標達成に向けた戦略づくりといったものに変化します。つまり、悩みのレベルが変わります。

◉リーダーの役割は組織の土台を作ること

ここまで読まれた方の中には、「そんなにうまくいくはずがない」「こんなことは理想論だ」と思われた方も多いと思います。

しかし、このような変化は、実際に私自身が目の当たりにしてきた光景であり、疲弊していたチームからホスピタリティチームに生まれ変わる過程から結果まで、これまでの実体験に基づいています。

リーダーとしては、目の前の数字を上げるために、商品・広告宣伝・価格といった戦略を優先したくなるのは無理のないことです。ただ、ホスピタリティチームを作ることは、これらの戦略の実効性を高める土台を作ることにほかなりません。

建物でも、土台がしっかりしていないと頑丈で高い建物が建てられないように、**組織もメンバーが力を発揮できる土台がしっかりしていないと、いくら良い戦略を策定しても十分な成果を導くことができません。**

したがって、ホスピタリティをベースとした組織運営が、メンバー同士の良好な相互関係を育み、それによりプラスの相互作用が生まれ、協働による創造性・共創性を最大化します。

ホスピタリティチームになるために

ホスピタリティの考え方を、接客ではなくマネジメントに活用する

03

ホスピタリティチームになるための5つのステップ

◉組織の課題を放置せずに、ホスピタリティチームを目指そう

組織には、多かれ少なかれ問題や課題が存在します。性別も年齢も立場も違うメンバーで構成されている組織は、何かしらの課題があって当然なのです。

しかし、企業活動の土台である組織の課題を放置するのではなく、課題を解決してホスピタリティチームを作ることは大きな成果に繋がります。

そのホスピタリティチームになるまでには段階があり、子供が成長するように組織も段階に応じて成長し、成熟していきます。

ここでは、その組織の成長の過程を5つのステップに分けて解説します。

自身の普段の思考や行動、組織の現状もイメージしながら読み進めていただくと、自組

織に今、何が足りないのかがより分かってきます。

STEP1　リーダーに必要な「思考」と「行動」を知り、自分のマネジメントを見つめ直す

ホスピタリティチームを作る上でまず大切なのは、そのために必要なリーダーの「思考」と「行動」を知り、これまでの部下との向き合い方を振り返ることです。

もちろん中にはできていないこともあると思いますが、心配いりません。チームの力を最大化するために、自分の「思考」や「行動」をどう変えていけばいいかをまずは知ってください。ここが出発点であり、すべての土台にもなります。

STEP2　部下一人ひとりとの信頼関係を築き、個々のメンバーの力を引き出す

リーダー自身のこれまでの「思考」や「行動」を内省した上で、次のステップは部下と向き合いながら「メンバー一人ひとりとの信頼関係を構築する」ことです。

ホスピタリティチームになるためには、特定の部下ではなく、どの部下ともしっかりとした関係性を構築しなければなりません。それには、日頃から部下と向き合い、対話をしながら、お互いを理解し合える関係を築く必要があります。

そうして部下との信頼関係が構築された上で、この仕事のやりがいや誇りを共有し、個人の仕事の目的と照らし合わせたマネジメントをしていきます。それがメンバー一人ひとりの力を最大限引き出すことに繋がり、あなたのマネジメントを効果的に機能させる基幹となります。

STEP3 組織環境を整えて、組織力を最大化するマネジメントをする

メンバーとの関係構築の次は、組織全体の課題に対して積極的にアプローチします。組織の課題は、職場のムードからはじまり、人間関係や情報共有、意思決定など多岐にわたります。

自組織の課題を正確に把握し、その課題を放置するのではなく、リーダーが率先して課題解決を図ることが重要です。

その積み重ねが、組織という共同体で協働することにより、マイナスではなくプラスに作用する組織、つまりシナジーを生む組織の醸成に繋がります。

STEP4 部下の成長を促す教育をする

メンバーとの関係構築、組織環境の整備が進んだら、次は教育の強化です。

多くのリーダーは、最初に教育ではないかと考えがちですが、個々の意識が低い状態で教育するのと、意識が高まった状態で教育するのとでは、成果がまったく違います。

それだけ、メンバーに「自分のためにも、組織に貢献するためにも成長したい」という想いを持たせることが大切なのです、

多忙な現場では教育が疎かになりがちですが、場当たり的ではなく、計画を立て、定期的な教育を実施することで、メンバー一人ひとりの成長が促され、組織の成長にも繋がります。

そして、これからの時代は「ハード」ではなく「ハート」の時代です。人財への投資は他社との差別化やサービス品質の向上、最終的には業績向上に大きな役割を果たします。

STEP5　ホスピタリティチームになり、目標必達の組織になる

ここまでくると、リーダーによる効果的なマネジメント、メンバー一人ひとりの意識ややる気の向上、組織としての一体感、教育による個々のレベルアップが図れています。

あとは、「結果」を出すだけです。売上等の定量的な目標だけでなく、この組織が1年

後にどうなりたいかといった定性的な目標設定もしながら、物心両面で組織一丸となって目標達成を目指す体制を作ることができれば、結果は自ずとついてきます。

◉現組織の課題と照らし合わせてステップを構築する

このようなステップをリーダーが意識しながら、日々のマネジメントを試みることで、お客様からもメンバーからも熱愛されるホスピタリティチームへの道は開かれます。

ただし、ここではステップを分かりやすく明確に分けましたが、それぞれの組織環境や、課題感によって優先順位や順番は前後します。

現組織の状況を鑑みて、自分なりのステップを作ってみてください。

なお、本書では1章から5章まで、このステップに沿って章立てしてありますので、イメージしながら読んでいただくと、自分がどのような順番で、何から手をつければよいかということもお分かりいただけます。

ホスピタリティチームになるために

自組織の今の課題を考え、それに合わせたアプローチをしてみる

ホスピタリティチームを作る 5つのステップ

STEP 1 組織力を最大化するために不可欠なリーダーの「思考」と「行動」を知る

▼

STEP 2 部下一人ひとりとの信頼関係を構築する

▼

STEP 3 メンバーが力を発揮できる組織環境を整える

▼

STEP 4 部下の成長を促す教育をする

▼

STEP 5 ホスピタリティチームとなり目標必達の組織になる

04 部下に「要求」するマネジメントから部下に「貢献」するマネジメントに変える

◉ホスピタリティはお客様のためだけのものではない

ホスピタリティは、お客様への「おもてなし」等の厚遇をイメージしがちですが、**対象はそれにとどまらず、上司部下、スタッフ同士、部署間、取引先など、人間関係の至るところに存在**します。

そういう私も、前職のホテルの婚礼支配人時代には、「ホスピタリティはお客様のためにあるもの」と勘違いしていました。

その当時の失敗談をします。

結婚式というのは、衣裳、美容、写真、花など多くの商品で構成されているものであり、それぞれ取引先のパートナーとの協業で成り立っています。

私は当時、ホテルが発注側であることをいいことに、パートナーを上から目線で業者扱いしていました。

そして、そのような私の思考が言葉や態度に表れてパートナーに伝わり、パートナー側も上辺では協力してても、ホテルに対して好意的に思ってもらえていませんでした。

そんなあるとき、パートナーからホテルに対する不満の声が私の耳に入りました。

私はホテルマンでありながら、**お客様へのホスピタリティばかりを考えていて、パートナーに対するホスピタリティが欠落していた**ことを猛省します。

そしてそれからは、「発注者」と「業者」の関係ではなく、一緒にいい結婚式を作る対等な立場の「パートナー」として協業できるように、こちらからの命令口調を改め、相手がオフィスに来た際には積極的に話し掛け、提言にも耳を傾けるようにしました。まさにお客様だけでなく、パートナーに対してもホスピタリティを意識するようにしたのです。

すると、パートナーと私たちとの関係も良くなり、協力体制やコミュニケーションも活性化して顧客アンケートの満足度が上がりました。それだけではありません。今まであまりなかった、パートナーの家族や知人の結婚式の紹介も増えたのです。

私は、それらの成果が上がったことはもちろんですが、パートナーとの協業により「心から喜びを分かち合えるようになった」ことのほうが嬉しかったことを覚えています。

このことにより、まさにホスピタリティはお客様のためだけではなく、すべての人に対して必要なことだと確信しました。

◉なぜ、人はホスピタリティを求めるのか

このようなホスピタリティの根幹にあるのは、自分が提供するおもてなしや思いやりを通じて**「他者に貢献することによって得られる自分自身の喜びやしあわせ」**です。

その喜びやしあわせとは、自分の「存在意義」を実感できること、自分が認められることと、すなわち「承認が得られること」を意味します。

したがって、「お客様から金銭を得るためにホスピタリティを提供する」という金銭的な報酬は、その中のごく一部に過ぎず、ホスピタリティを発揮することは「他者からの承認といった精神的な報酬」にも繋がっているのです。

だからこそ、リーダーであるあなた自身が、「部下に対してどのような貢献ができるのか」「どうすれば部下にここで働くことによる喜びを実感してもらえるか」という思考を持ち、ホスピタリティをマネジメントのベースにすることが重要です。

しかし、実際の多くのリーダーから聞こえてくる声は、

「部下が言うことを聞かない」

「言われたことしかやらない」

「販売成績が悪い」

といったものです。言い換えれば、**「部下への貢献」ではなく、「部下への要求」をベースとしたマネジメントをしているリーダーが圧倒的に多い**のが実情です。


それだけに、リーダーがホスピタリティ思考で部下への貢献を意識するようになれば、その効果はてきめん。部下もお客様や仲間に対してホスピタリティを意識するようになります。そして部下のやる気も、お客様へのサービス品質も、生産性も、リーダーであるあなたの思考やマネジメントスタイルを変えるだけで大きく向上するのです。

ホスピタリティチームになるために

リーダー自身がホスピタリティ思考になる

05 ホスピタリティが現代のマネジメントに不可欠な理由

◉ホスピタリティマインドが、お客様に一歩踏み込んだサービスを実現させる

　ホスピタリティは、主体的に相手の喜びやしあわせに貢献することで得られる、自分自身の喜びやしあわせを意味します。

　したがって、接客・サービス業で一番大切なのは、

「お客様に喜んでいただきたい」

「お客様のしあわせに貢献したい」

と思う「心」が、自分の接客やサービスにちゃんと伴っているかどうかです。

　たまたまオリンピックに出場できる選手はいません。「絶対にオリンピックに出る」と心に決めない限り行動は変わらない、すなわち**何事も「心が先」「行動は後」**なのです。

　接客・サービスに話を戻すと、いくら知識やスキルを習得しても、それは所詮、マニュ

アル通りの仕事ができるかどうかのレベル。重要なのは、**自分の接客・サービスを通して「お客様の喜びやしあわせに貢献したい！」と思う「心」がその手前にあるかどうか**です。

それ次第で「お客様に率先して声を掛け、お客様が望むことよりも一歩先のサービスを提供する」という「行動変容」をもたらすかどうかも決まります。

◉AI化時代に求められる接客サービス

そんな接客・サービスも、時代と共に変化を遂げています。

例えば20世紀は、ファストフードやファミリーレストランに代表されるように、全国どこでも誰にでも当たり外れなく、マニュアル通りに平準化された**「定型型サービス」**に消費者は価値を感じた時代でした。

しかし、21世紀になると、当たり外れなく、誰にでも平準化されたサービスは当たり前のものとなり、個々のお客様の期待を汲み取り、そのお客様の期待に合わせた**「適応型サービス」**が求められるようになりました。

もっと言えば、そのお客様の期待に応えるだけではなく、それを超える感動に値するサービスが求められています。

そして、これからさらに世の中はＡＩ化が進み、「定型型サービス」の領域はすべてＡＩ化されると言われています。

実際に、スーパーマーケットのレジもセルフ化が進み、今まで旅行の相談に訪れていた旅行会社のカウンターも、『じゃらんｎｅｔ』や『楽天トラベル』といったオンライン・トラベル・エージェントに変わっています。

ユニクロも買い物かごを置いただけで、商品に取り付けられたＩＣチップで値段が読み取られ、セルフで精算が可能となりました。コンビニエンスストアも、高輪ゲートウェイ駅にオープンした「ＴＯＵＣＨ　ＴＯ　ＧＯ」は、商品棚から商品を手に取るだけで商品が自動的に認識されるため、レジ店員のいないウォークスルー型の店舗となっています。

このような時代の中で、私たちに求められるのはどのような仕事なのでしょうか？

それは、**ズバリ、人にしかできないサービス、つまり「人を介することでのみ可能な付加価値の提供」**に尽きます。

つまり、私たちの提供するサービスを通じて「嬉しくなったり」「しあわせな気分を味わえたり」「癒されたり」といった、ＡＩでは味わえない付加価値をお客様に提供するこ

「適応型サービス」は人にしかできないサービス

	定型型サービス	適応型サービス
顧客対応	平準化された対応（誰に対しても同じ対応）	個々に応じた対応（個々のお客様の期待を知り、それに応える対応）
提供価値	等価価値（支払った金額と同等の価値・期待通り）	付加価値（支払った金額以上の価値・期待以上）
次世代サービス	AI化が進む（省力化・無人化）	高品質対人サービス（人による高付加価値なサービス）

とが重要です。

また、アフターコロナにおいても、あらゆる業界で淘汰は進み、本当に価値のあるものしか残らないと言われています。その中で、店舗運営においては席数を減らしての営業が余儀なくされ、単価を上げない限り経営は成り立たない状況に追い込まれています。

そこで考えるべきは、単なる値上げではなく、接客サービスによる「付加価値」の提供であり、それにはスタッフの心の伴った「ホスピタリティ」が欠かせません。

◉メンバーの「心」を育てることが、これからのリーダーの大きな役割

しかし、このような時代変化が起こっている一方で、スタッフ教育と言えばいまだに業務の「知識」や「スキル」を習得する教育にとどまっており、**スタッフの「心を磨く教育」がほぼ皆無**なことも事実です。

これからの時代のマネジメントで重要なのは、リーダーがホスピタリティをマネジメントの中心に置き、常に「お客様が喜んでいただくためにどうすればよいか」を部下に問い、「自社の理念やミッションが自分の仕事にもたらす意味」を考えさせるといった、心

を磨く教育です。

そしてまずは、リーダーであるあなた自身が、ホスピタリティマインドの伴った言動を普段から部下やお客様に体現しているかどうか。それはチーム全体のサービス品質、モチベーション、業績に大きな影響を及ぼします。

いまだに「お客様」を「客」呼ばわりしたり、平気でお客様の悪口を皆の前で公言したりするリーダーがいますが、そうしたリーダーに率いられた組織は、残念ながらそのリーダーの色に染まり、お客様に心の伴ったサービスが提供されることはありません。

部下にとって、お客様の喜びやしあわせに貢献することこそが、自分の仕事の意義であり誇りであるという「心」を育てることが、これからの時代のリーダーとしての大きな役割であり、それに伴う日々の声掛け、動機付けが大きな成果に繋がります。

ホスピタリティチームになるために

メンバーの「心を磨く教育」を意識する

06

難しい顔で戦略を考えるよりも、笑顔で職場のムードを良くするほうがうまくいく

◉職場のムードがサービス品質に直結する

あなたのお客様が買い求める商品とは何でしょうか？

飲食店であれば美味しい料理、豊富な種類の飲み物、洋品店であれば自分が気に入る洋服かもしれません。それに加えて、私が大切だと思うのは、店舗の雰囲気や居心地といった目に見えないものです。

あなたがこれまで利用したお店の中で、「特に不満はないけれど、なんか居心地が悪い」と感じたことはありませんか？

80歳近いうちの両親ですら、「なんかあそこの店は感じが良くなかったから、もう利用しない」と言うくらい、お客様は店舗の雰囲気や居心地、ムードを敏感に察知します。で

すから、**「商品に不満はなくても雰囲気や居心地が悪ければ、二度と利用されない」**と思わなければいけません。

そんな店舗運営においてとても大切な「雰囲気」「居心地」「ムード」を作っているのは、紛れもなくそこで働いている「人」です。

スタッフが明るく笑顔で気持ちの良いサービスを提供していれば、自ずと雰囲気や居心地は良く感じます。逆に笑顔もなく、黙々とこなすように仕事をしている店舗は居心地が悪く、二度と利用されないでしょう。

それでは、どのようにすれば、良い雰囲気・ムードの店舗を作れるのでしょうか？

◉リーダーの機嫌ひとつで、職場のムードは一変する

それには、まず、リーダーが率先して職場のムードを高める意識を持つことが重要です。

多くの職場は、事務所やバックスペースと接客スペースが繋がっています。したがって、**いくらバックスペースといえども、リーダーがいつもしかめっ面でいたら、スタッフはお客様の前で笑顔にはなれません。**

私はホテルに宿泊することが多く、定宿にしているビジネスホテルの朝食会場に年配の女性リーダーがいます。

その日もいつものように朝食を食べていると、明らかにいつもと違う雰囲気を感じました。よく見ると、女性リーダーの機嫌が悪い様子で、スタッフたちからいつもの笑顔は消え、違うホテルに来たくらい居心地が悪かったのを覚えています。

このように、**リーダーの機嫌、不機嫌は、サービスの品質を大きく変えてしまう**ほどの影響力があるのです。そのことを認識するとともに、リーダーは率先していつも明るく、元気に、そして何よりもご機嫌でいることを意識してください。

◉職場のムードを高める仕掛けを作る

職場のムードを高める仕掛けづくりも、リーダーの大事な仕事です。

前職のホテルの婚礼支配人時代に、業績が低迷して職場のムードが暗く、スタッフの士気も上がらない時期がありました。

私は、なんとかそうした状況を打開しようと、ブライダルフェアの朝礼では目標組数を共有して、皆の意識を変える努力をしました。しかしムードはいっこうに良くなりません。

そこであるとき、スタイルをガラッと変えて、みんなでちょっとしたゲームをしたり、みんなで大きな声を出したり、大声で笑ったりする朝礼に変えてみました。そうしてフェアに臨んだところ、なんと今までの2倍となる受注数をいただくことができたのです。

こんな些細な仕掛けでも、スタッフからお客様に伝わる温度は上がり、成果に結びつく要因と成り得ます。

もし**リーダー自身が「盛り上げキャラではない」という場合には、**自分なりにチームの温度を下げないように努力をしつつ、**メンバーの中から盛り上げ役を任命し、それをサポートすればよい**のです。

繁盛店には、スタッフの笑顔と活気があります。戦略を難しい顔をして考えているよりも、メンバーを笑顔で元気づけて職場のムードを良くするほうが、従業員満足度（ES）・顧客満足度（CS）の観点でも、業績向上の観点でも効果的なのです。

ホスピタリティチームになるために

リーダー自身が、いつも笑顔でご機嫌でいる

07

組織をプラスのエネルギーで満たすリーダーの思考習慣

◉リーダーの不機嫌は、誰もしあわせにしない

「職場のムード」が「店舗のムード」となり、そのムードがお客様に伝わり、居心地や心地良さ、最終的には顧客満足度、業績にまで影響するというのは前述の通りです。

したがって、組織全体を**「殺伐」や「疲弊」といったマイナスのエネルギーではなく、「明るさ」や「笑顔」といったプラスのエネルギーで満たす**ことが大切です。

そしてそのためには、組織に大きな影響力を持つリーダー自身が、いつも元気で、明るく、ご機嫌でいることです。

ただ、リーダーも人間です。会社から無理難題を要求されたり、部下の行動や言動によって、笑顔でいられないとき、ご機嫌でいられないときも当然あります。

私も、現在10名足らずの小さな会社を経営していますが、スタッフに対して、

「なんで、言ったことをやっていないんだ」

「何度言ったら分かるんだ」

「なんで期日を守らないんだ」

といった感情になることは日常的にあります。以前はそのたびに不機嫌な態度をスタッフに示すことによって、事態の改善を図ろうとしていました。


しかし、あるとき私は気づきました。

「自分の怒りや不満を部下に示したところで、誰も喜ばないし、誰もしあわせにならない。それに、お互いの関係性を悪くするだけで、何も効果的に改善されていない」


部下は上司からの苦言で気持ちが落ち込み、そのマイナスな気持ちの中でサービスをするので、お客様の満足度は当然上がらない。そして何より、私自身も決していい気分ではなく、不満を示して「してやったり」といった満足感は生まれません。

したがって、**自分のマイナスな感情を表現することによるメリットはほとんどない**のです。一方、マイナスなエネルギーはマイナスな出来事を引き寄せるので、そんなときに限って、お客様からお叱りをいただいたり、クレームが発生したりするものです。

そもそも、上司が不満や苦言を呈するのは、「自分が求めている結果が手に入らない」からでしょう。であれば、**不満や怒りというマイナスな感情をぶつけることが、本当に自分が求めるものを手に入れる効果的な手段であるかどうかをよく考える**必要があります。

しかも、その求める基準も上司が決めた基準であり、「部下の身の丈に合っているかどうか」「部下がその基準に納得しているかどうか」というと、必ずしも合致していないケースが多いものです。

◉リーダーにとって最も大切な「自責思考」

私が考えるリーダーにとって最も大切な思考は、**「自責思考」**です。

部下に対する怒りや不満は「他責」であると理解してください。

そして、その不満の矛先を部下に向けるのではなく、

「部下に対する自分の求め方、伝え方が違うのかな？」

「求めている基準に達するような教育を自分がまだできていないんだな」

というように**矢印を自分に向け、「自責」で受け止めるのです。そうすると、部下に対する不満や怒りといった感情は消えて無くなります。**

自責といっても、「自分はなんてダメなんだ」などとリーダーが落ち込む必要はありません。謙虚に受け止めて、自分自身のマネジメントにおける成長のエネルギーに変えればいいのです。

相手に求めるばかりの「他責」によって起こる「マイナス」な感情よりも、自分の至らなさを受け入れる「自責」の感情のほうが、明らかに「プラス」です。

また、こうしたリーダーの思考習慣は、「怒り」や「不満」ではなく「笑顔」や「明るさ」に繋がり、組織をプラスのエネルギーで満たすことにも繋がります。

ホスピタリティチームになるために

不満の矛先は「部下」ではなく「自分」に向ける

08

「結果を厳しく求める」リーダーと「調和を優しく求める」リーダーの成果の違い

◉結果を厳しく求めるリーダーが、本当に結果を導けるか？

仕事柄、様々なリーダーにお会いしてきましたが、どんな業種でも「結果にこだわり、結果を厳しくメンバーに求める」リーダーと、「調和を優しく求める」リーダーとに分かれます。

果たして、どちらのマネジメントが結果を導く上で効果的なのでしょうか？

私がサポートさせていただいている、全国20店舗を展開するウェディング系の企業でも、各店舗に訪問して店舗メンバー全員と定期的に研修をしていると、各店舗の店長のリーダーシップのタイプが見えてきます。

A店舗の店長は、強いリーダーシップを発揮してチームを鼓舞しながら、結果を厳しくメンバーに求めるタイプの店長です。

B店舗は、新米店長で、「みんながいてくれるおかげで私は店長ができている」といった感じで、優しくはありますが、どこか頼りないタイプの店長です。

この両極端の店長のマネジメントを数年見ていたところ、最初は厳しい店長のA店舗が売上目標を達成しており、優しい店長のB店舗は未達に終わっていました。

◉強いリーダーシップは「言われたことしかやらない部下」を生み出す

しかし、2年後に異変が起きました。

二人の店長のマネジメントスタイルは変わっていないにもかかわらず、A店舗は思ったほど売上が伸びずに目標未達に終わるようになったのに対し、B店舗は大きく目標をクリアするようになったのです。

なぜだか分かりますか?

A店舗は、店長の強いリーダーシップで、求められた結果に部下は従順に応えて最初は結果を出していました。しかし、**言われたことしかやらない部下を作り、部下も結果ばかりを求めるリーダーに不満を持ち始め、結果は頭打ちに**なりました。

一方、B店舗は、頼りないリーダーで最初はメンバーも戸惑いがありましたが、店長の優しさに「自分たちが店長を守らなければ」「私たちでこの店舗の売上目標を達成させなければ」と思うように。**メンバー全員が店舗運営を自分事として受け止め、使命感を持って自分の力を最大限発揮するようになり、大きな成果を出すように**なったのです。

◉部下を生かすマネジメントが成果を導く

この組織以外にも似たケースを、私は何度か見てきています。

「結果を厳しく求めるリーダー」のマネジメントは、未熟な組織を引っ張る際には効果的です。しかし、メンバーの力を最大限生かせないことが多く、ある程度までは結果を導くことができるのですが、その後に頭打ちになる傾向があります。

一方、優しさや協調性にこだわるリーダーは、メンバーを頼り、部下からの提言を受け入れて、部下がやりたいことを支援するため、メンバーは使命感を持って最大限の力を発揮する傾向があります。

強いリーダーシップで軍隊のように統率を図れば成果を上げられた時代は終わりました。変化の激しいこれからの時代は、第一線でお客様に触れているメンバーの叡智を結集するマネジメントが求められます。

したがって、**ヒューマンパワーと生産性が直結する接客・サービス業においては、**リーダーは自分の指示命令だけで結果が導けると考えずに、**メンバーの力を最大限に引き出すマネジメントこそが効果的**であることを強く意識するべきなのです。

ホスピタリティチームになるために

部下を「従わせる」のではなく、部下が「提言しやすい」自分でいる

09

部下の心の栄養を満たす行動を習慣にする

◉スタッフの心が満たされていないとお客様に良いサービスは提供できない

「リーダーの皆さんは、部下の心の栄養を満たしていますか?」

私がリーダー研修をするときに、まずリーダーの皆さんに必ずさせていただく質問です。

なぜこの質問をするか。それは接客・サービス業において、**メンバーの心が満たされているかどうかで、メンバーのパフォーマンスや生産性が大きく変わる**からです。

そもそも、接客・サービス業は、私たちの接客やサービスを通じてお客様の心を満たす仕事です。その仕事において、スタッフの心が満たされていないのに、お客様に良いサービスが提供されるはずがありません。

例えば、ホスピタリティ企業の代表格である東京ディズニーリゾートで、キャストが元気も笑顔もなく、疲れていたら、皆さんはどう思いますか？

「こんなのディズニーではない」って思いますよね。

私たちは、ディズニーと同じサービス業であり、お客様の心を満たし、喜びやしあわせを「与える」サービスを提供しなければならないのです。

◉メンバーの心の栄養を満たす方法

それでは、どのようにすればメンバーの心を満たすことができるのでしょうか？

それには、リーダーの普段の声掛けや心掛けが重要です。

交流分析で「**ストローク**」という理論があります。

これは、**相手の心の栄養を満たす行動やしぐさ、心掛けを示しており、度数で表現され、度数が上がるほど相手の心の栄養が満たされていく**という考え方です。

例えば、朝の挨拶で言えば、

- 「おはようございます」と言葉を発すればストローク度数は1度数
- 「アイコンタクト」が伴えば、ストローク度数は2度数
- 「名前を添えれば」3度数
- 「笑顔」が伴えば4度数

という具合に、ストロークが増えれば増えるほど、相手に自分の気持ちが伝わり、相手の心の栄養が満たされていくという考え方です。

そのほかにも、

- 部下を「褒める」
- 部下の話を「うなずきながら聞く」
- 「ありがとう」と感謝を伝える

といったひとつひとつの行動が、部下の心の栄養が満たされる大切なストロークです。

前職のホテル支配人だったとき、私はこのストローク理論に出会うまで、部下に対して自分から積極的にコミュニケーションを図ろうとしていませんでした。

リーダーのストロークで
部下の心の栄養を満たす

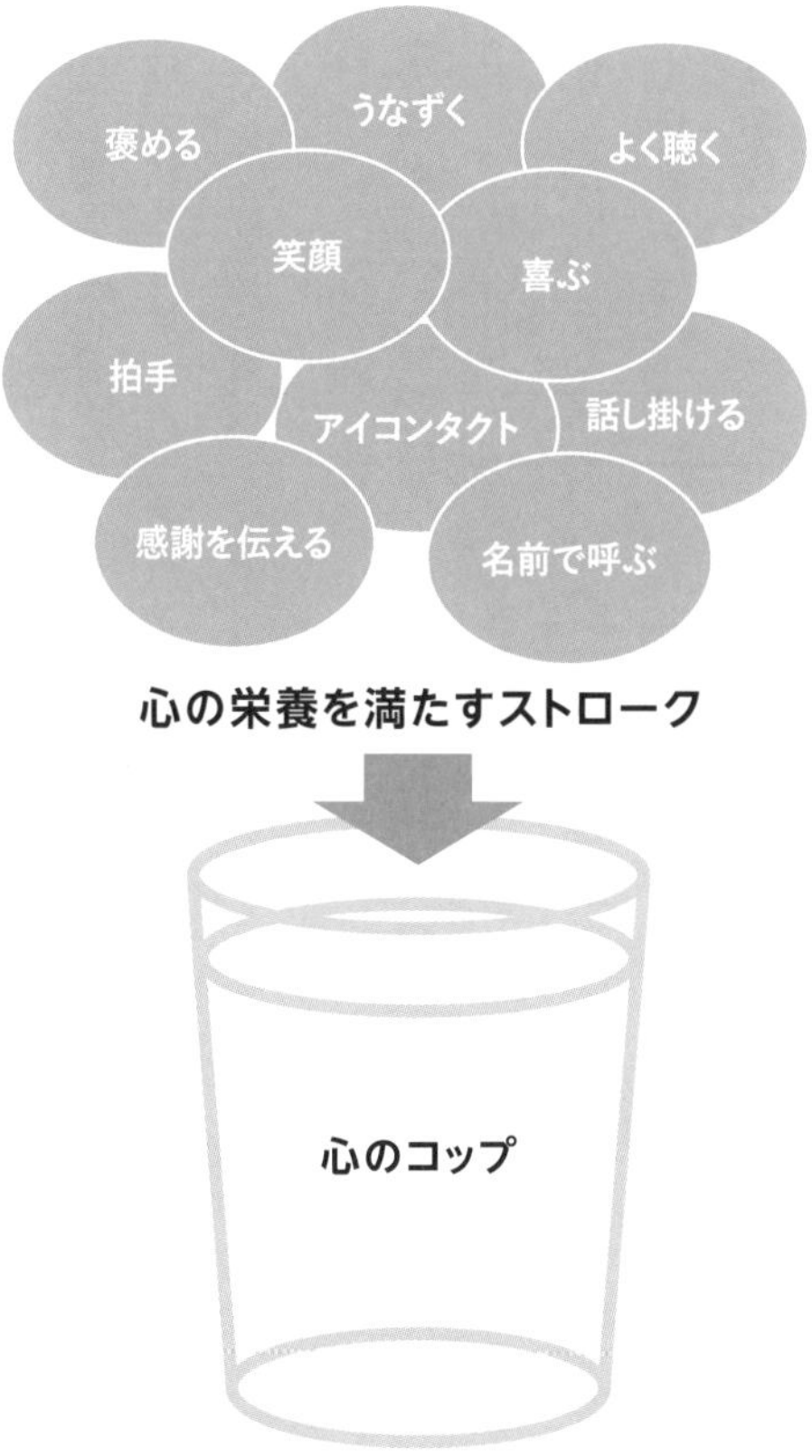

そんなあるとき、ある部下から呼び出され、

「支配人、退職させてください」

と突然言われました。理由を聞いたところ、**「支配人は私がこのチームに必要な存在だと思いますか？」と泣きながら訴えられた**のです。

そうです、私は彼女にストローク、つまり心の栄養を満たすような声掛けや行動を何もしていなかった、そして彼女に対して無関心だったのです。

◉お互いに心の栄養を満たし合うことによる成果

幸い彼女は辞めずに、私の部下としてとどまり、その後も長年勤務してくれました。

その一件で猛省した私は、それ以来、出勤しているスタッフ全員に積極的なストロークを心掛けるようになりました。

例えば、部下を見かけたら、

「おはよう、調子はどう？」

「今日は、打ち合わせが多くて大変だね」

「最近、遅くまで残業してくれて助かるよ、ありがとう」

といったように、必ず声を掛けるようにしたのです。

「それぐらいのことで……」と思うかもしれません。しかし、このような**リーダーのちょっとしたひと言により部下の心の栄養は満たされ、その満たされた心がお客様に笑顔で向き合うことを可能にします。**

声掛けのほかに私が実践したのは、休みのスタッフのデスクで仕事をして、普段ストロークが行き渡らないスタッフと会話をすることでした。また、定期的に席替えをして、私とメンバーだけでなく、メンバー同士のコミュニケーションの活性化も図りました。

これらの取り組みから感化されたメンバーも次第にストロークを意識し始め、当時の激務の中でも、不満や愚痴を言うメンバーは一人もいませんでした。お互いの心の栄養を満たし合えたことが、日本一のプロジェクトに繋がる原動力になったのは間違いありません。

ホスピタリティチームになるために

出勤メンバー全員に、必ず最低1日1回はリーダーから話し掛ける

10 「虚勢を張る」リーダーと「自分らしくいる」リーダーの違い

◉リーダーらしくふるまおうとしたが……

あなたがリーダーになって初めて部下を持ったとき、どんなことを考えましたか？

私が前職のホテルマン時代に初めて部下を持ったときには、

「自分がしっかりしなければならない」

「強いリーダーシップを発揮しなければいけない」

「部下のお手本となるようにふるまわなければいけない」

といったことを考えました。

当時、私は宴会予約の部署に所属していて、その部署で昇格したので、昨日まで同じ立場で一緒に和気あいあいとやっていた仲間から、いきなり上司─部下の関係となったのです。そんな状況に戸惑い、リーダーとしてどうやって立ち回ったらいいか悩んでいました。

そのとき私が考えに考えて出した結論は、「メンバーとのそれまでの和気あいあいの関係を捨てて、リーダーらしくふるまう」ということでした。

リーダーらしくふるまうと言えば聞こえはいいですが、当時の私はたんに虚勢を張っていただけでした。部下側から見ると、昨日まで仲間だと思っていたのに、急に上からものを言われるようになったわけです。仕事とはいえ、「なんだよ急にえらそうに」などと不満に思うのも無理ありません。私とメンバーの間には少しずつ距離ができ、関係性も悪化。業績もそれに伴い、下がっていきました。

そんなあるときでした。昔から私のことをよく理解している取引先の社長さんが、苦しんでいる私の姿を見て、こう言ってくれたのです。

「船坂さんは、船坂さんのままでいればいいんですよ」

その言葉で私は救われました。

それからというもの、私は虚勢を張らずに「ありのままの自分でいよう」と心に決めました。そして、**自分が間違ったことをしたら素直に謝り、自分が困ったことがあれば部下を頼り、良いことも悪いこともメンバーと共有するようにした**のです。

それから徐々に組織に変化が起こり、お互いに思ったことを言い合える風通しの良い組織風土に生まれ変わっていきました。

◉自分らしいリーダーシップとは？

その後に勤務経験のない部署に異動になったときも、知ったかぶりをするのではなく謙虚に分からないことは分からないと部下に聞く、自分から心を開き、ありのままの自分を知ってもらう、そういった無理のないふるまいをするようになりました。

また、異動したてのときは、「粗」ばかりが気になり、つい「こうしたほうがいい」と言ってしまいがちですが、否定せずに、これまでの尽力に敬意を払い、まずは理解を示すことを心掛けるようにもしました。

このように飾らない、自然体の私に呼応するように部下も構えずに心を開いてくれるようになり、異動先でも早く関係性を築くことができたのです。

繰り返し述べているように、接客・サービス業はチームワークがサービス品質に大きな影響を及ぼす仕事です。だからこそ、リーダーと部下がストレス無く、自然体でコミュニケーションを取れる環境が大切なのです。

最近、**自分の身の丈以上のリーダーシップを発揮しようと頑張り過ぎて、疲れ切っているリーダーが多い**ような気がします。

しかし、私が今まで出会った**優秀なリーダーは、メンバーをぐいぐい引っ張っていくような人ばかりではありません。「寄り添うこと」「見守ること」「優しさ」も大切なリーダーシップ**です。

そして、あなたはウルトラマンでもスーパーマンでもありません。昨日の自分から変身しようと思わずに、日々自分らしく、そして自分らしいリーダーシップを見つけてください。きっと自分がリーダーであることに、今以上の喜びがもたらされるはずです。

ホスピタリティチームになるために

リーダーらしくと無理しない。自分らしくのほうがうまくいく

11 自分より上の上司を動かせるリーダーになる

◉「スーパー中間管理職」は存在する

皆さんは、自分より上の上司を、自分の思うように動かせていますか？

自分がいくら良いことを思いついても、正しいことをやろうとしても、所詮は中間管理職。自分より上の上司次第だと考えがちです。

前職のホテル支配人時代、私は〝自分の考える正義〟を上司に訴えていました。

「集客が少ないので広告宣伝費を増やしてほしい」

「スタッフを増員してほしい」

など、現場リーダーとして会社に望むことは山ほどあります。

しかし、そうした提言をするたびに逆に上司から煙たがられて、自分の思うようにはいかずに、しまいには「言っても無駄」と考えるようになりました。

当時の私と同じように、中間管理職の限界を感じている人は少なくないでしょう。ただ私が今のコンサルタントという仕事をしてわかったことは、同じ中間管理職の中にも、**自分より上のリーダーを自在に動かして自分のやりたいことを実現させている「スーパー中間管理職」**が存在するということです。

それでは、彼らはどのようにして上司を動かしているのでしょうか？

◉「上司vs.自分」ではなく、「上司with自分」になる

まずその人たちの共通点は、上司を立てることを怠らないことです。

私の場合には「上司vs.自分」の構図で、上司とは対立関係でした。これでは意思決定の権限のある上司にいくら私が正しいことを進言しても、要望は通りません。

一方、彼らは「上司with自分」という関係を築いており、**自分の主義主張を押し付けるのではなく、上司を味方につけて巻き込む**ことを大切にしています。

そして、誰をどう動かせば、自分のやりたいことを実現できるかをイメージして、必要な段取りとリソースを整えます。ひとつ実例をご紹介しましょう。

私のようなコンサルタントという仕事は、経営者か、このようなスーパー中間管理職から声を掛けていただくケースが多いのですが、以前、あるホテルの婚礼支配人（スーパー中間管理職）から「ウェディングプランナーの教育をお願いしたい」とご連絡をいただいたことがあります。

そのホテルではウェディングプランナーの退職者が相次ぎ、異動で3人の新人を配属したものの、職場内で育てるマンパワーも時間も足りないため、外部のリソースを使ったほうがいいとその支配人は考えました。そうすれば短期で人が育てられ、少数になったメンバーも自分の業務に専念できるからです。

しかし、それなりの企業においては、期中で予算にない経費を急に用立てることは、決して簡単なことではありません。その支配人は、その上の部長に提言しても経費がネックでNOと言われることが分かっていたため、他の経費削減により費用が捻出できることをまずは証明します。

また、厄介な社長の承諾をもらうというハードルも、したたかに乗り越えます。部長に調整をお願いすると嫌がることは分かっているので、部長の手間を省くために、部長と社長と私と支配人が話す場を、支配人自らがセッティング。そこで社長の合意をあらかじめ取り付け、あとは稟議書を回すだけというように事を運んだのです。

このように、スーパー中間管理職は、自分のやりたいことを実現するには**「誰を巻き込み」、「どう動かして」、「どう持っていけば」いいかというストーリーを考えてから、行動に移しています。**

かつての私のように、何も考えず自分のやりたいことをたんに上司にぶつけているだけで、「承諾してくれない上司」を悪者にして部下にはいいリーダーを装っているようでは、スーパー中間管理職にはなれません。

顧客サービスの最前線で頑張っている**現場の要望を叶えるのも、現場リーダーの重要な役割**のひとつ。だとすれば、上司のことを嘆くよりも、「上司 with 自分」の姿勢で、どのようにやりたいことを実現するかのストーリー作りと、意思決定に必要な人を味方につけて巻き込むことが大切です。

ホスピタリティチームになるために

「上司 vs. 自分」ではなく、「上司 with 自分」の関係を意識する

12 接客・サービス業のマネジメントは「ロマン」→「ソロバン」の順番が大切

◉ソロバン型マネジメントだけでは人は動かない

マネジメントの世界では、よく「ロマン」と「ソロバン」の両立が重要と言われます。

私が多くの現場リーダーを見ている中で気になるのは、**「ソロバン」に偏ったリーダーが圧倒的に多い**ということです。

そのソロバンとは、部下に売上や単価、原価、残業時間といった「数字」ばかりを求める声掛けやマネジメントをしていることを意味します。

しかし、接客・サービス業で働いている人の多くは、

「お客様の笑顔を見るのが好き」

「お客様に喜んでいただきたい」

といった想いでこの仕事を続けているのです。

ある自動車販売のディーラーには、部下に対して、

「売れるまで会社に戻ってくるな！」

と檄《げき》を飛ばすようなソロバン型の熱血部長がいました。

私は、その部長にこう助言したことがあります。

「部長、ソロバンだけでは部下は動きませんよ。ロマンを伝えることを大切にしたほうがいいですよ」

すると案の定、「船坂さん、ロマンとは何ですか？」と聞かれました。

◉ロマン型マネジメントに切り替えて売上アップ

ロマンとは、

「私たちがお客様に提供する価値」であり、

「私たちが目指す、仕事の意義」を意味します。

自動車販売であれば、

「私たちが販売する車を通じて、お客様の生活を豊かにしよう！」

「私たちから購入した車で、家族の大切な時間を過ごしてもらおう！」

といったことです。

部下に「売れ、売れ」と数字ばかりを求めないで、こうした「ロマン」を大切にすることで部下の皆さんは今よりもっと頑張れると思いますよ、とお伝えしました。

私の助言に感化された部長は、その熱血ぶりを「ソロバンからロマン」に切り替えてくれました。そして、「私たちの販売する車でお客様をしあわせにするぞ！」と、ロマン型のマネジメントに変えたところ、以前よりも販売台数が向上したと嬉しい報告をいただきました。

このような事例からも、私は、接客・サービス業のマネジメントで大切なのは、「ソロバンよりもロマンである」と確信しています。

その**ロマンに共感、共鳴したスタッフが、「売ることが目的ではなく、お客様のために自発的に商品をすすめる」**こととなり、結果的に売上が伸びることに繋がります。

◉ロマンの先にソロバンがついてくる

したがって、弊社では「売上」ではなく「社会貢献額」と呼んでいます。それは、売上を上げることが目的ではなく、売上が上がることで「社会に貢献した量が増える」、つまりソロバンではなく、ロマンで売上を表現することを大切にしているからです。

このほかにも、あるウェディング系の企業は、受注率ではなく、お客様がご満足いただいた率として「ご満足率」、集客数もお客様の期待の数として「ご期待数」という呼び名にしています。

先述したように、マネジメントにおいてはロマンとソロバンをバランスよく使い分けることが重要とよく言われます。それはその通りなのですが、こと接客・サービス業においては、ロマンの先にソロバンがついてくると考えてマネジメントしたほうが、「お客様の笑顔や喜びを仕事のやりがいにしている」スタッフにとっては頑張れるに違いありません。

ホスピタリティチームになるために

「売上を上げろ」ではなく、「もっと多くのお客様に喜んでもらおう！」

13

「薄っぺらい」リーダーだった私も、「自分の信念」を持つことで大きく変われた

◉リーダーに信念があるかどうかで大違い

あなたはどんな信念を持ってマネジメントをしていますか？

業績不振を理由に社長が交代したあるホテルチェーンで、就任したばかりの新社長が自社のあるホテルを視察、訪問したときの出来事です。

そのホテルの幹部たちは、前社長のときと同様に、総支配人以下、全幹部が玄関で整列して新社長を出迎えました。

そのとき、新社長が烈火のごとく幹部たちを叱りつけました。

「俺を出迎える暇があったら、お客様にもっと手厚いサービスをしろ！」

それ以降、そのホテルは社長以下全員が顧客第一主義を貫き、見事、業績回復を果たし

ました。

一方、あるアパレル企業では、社長がこの前は「それでいい」と言っていたのに、突然「そんなことは言った覚えがない、やり直せ！」と言い出し、誰も逆らえません。そんな思いつきによるちゃぶ台返しが繰り返されています。

前者のように、リーダーが正しい信念を持っていると、一貫性があり、部下が同じ方向を向いて仕事ができるので、生産性が高まり、最終的には業績も向上します。

かたやリーダーに信念がなく、その場凌ぎの言動やマネジメントを続けていると、上司に振り回されて部下は迷走し、お客様ではなく上司を見て仕事をし始めます。

◉自分の信念の見つけ方

それでは、自分にとっての信念とはどのように創られるのでしょうか？

それはあなたが、**この仕事で「何に喜びを感じるか」**、「**何を大切にしたいか**」に紐づいています。

しかし、かくいう私も、そのような信念や自分の軸は無く、表面的で薄っぺらいマネジメントをかつてはしていました。

「とにかく売上予算を達成しよう」

「会社から突っ込まれるから残業は減らすように」

恥ずかしながら、このような会社から言われたことをたんに部下に伝言するだけのマネジメントでした。

しかし、ある方から仕事における「信念」の大切さを教えてもらい、その必要性を痛感し、自分にとっての信念を突き止めることにしました。

そんな信念を模索していた時期のことです。いつものように結婚式の当日に立ち会っていると、「新郎新婦やそこに参列されるゲストが輝く姿を見ることに、ものすごい喜びを感じる自分」にふと気づいたのです。

◉信念を持つと、リーダーの言葉に自信と説得力が生まれる

それから、「お客様や部下を輝かせる」ことが自分自身の信念＝ブレない軸となり、部下から何か問われて判断するときの基準にもなりました。

会社から言われたことも、ただそのまま部下に伝えるだけでなく、

「もっと、我々のプランニングでみんなが輝く結婚式をたくさん創ろう！」
「我々が輝かなければ、お客様も輝かせることができない、だから早く帰ってプライベートも楽しもう！」
といった自分の信念というフィルターを通してから伝えられるようになりました。そうすることで、自分の言葉に自信と説得力が生まれ、部下もそのことに共感してくれて、業務や数字に対するコミットメントを高める力を持ちました。

このように、**自分の信念を持ったマネジメントをすることは、上司からは「骨のある奴だ」、部下からは「憧れの上司」と見られる**ようになります。そして何より**リーダーであるあなた自身にとっての仕事の意味、意義に繫がり、マネジメントに自信と力強さが増す**最強の武器となるのです。

ホスピタリティチームになるために

「自分の信念を見つける5つの問い」(次ページ)に答える

自分の信念を見つける5つの問い

Q. あなたはなぜこの仕事に就いたのか?

Q. あなたがこの仕事で一番喜びを感じるときは
どんなときか?

Q. あなたがこの仕事で大切にしている想いは何か?

Q. あなたは、仕事をする上で何にこだわりを持っているか?

Q. あなたの信念は何か?

※ここでいう信念とは、部下・顧客において価値があり、共感されるもの

このシートのPDFデータは、読者限定でダウンロード可能です(詳細は290ページにて)

第2章

部下一人ひとりの「やる気と力」を最大限引き出すコツ

01

まず部下の「心のコップ」を上向きにする

◉部下が思うように動かないのは、部下の心のコップの向きが原因

「部下が自分の言うことを聞かない」
「指示したことをやらない」
こんなことを悩んでいるリーダーも多いと思います。

私がホテルマンを卒業し、ホスピタリティ・コンサルタントとして初めて仕事をいただいたホテルでの出来事です。

そのホテルの社長から、「最近、スタッフの入れ替わりなどからサービス品質が下がり、それに伴いお客様からの口コミ評価も業績も下がっている」と相談を受けました。

その後私からの提案で、1年間でサービス品質を上げて業績向上を目指すプロジェクト

を立ち上げることが決まり、私がサポートさせていただくことになりました。

したがって、私のミッションはホテルの「サービス品質向上」と「業績向上」です。

そのミッションを遂行すべく、早速、現場を見てみると、「スタッフの笑顔」からはじまり「館内のクリンネス」「接客応対」など、改善すべき課題がたくさん見つかりました。

私は、それをすぐに現場にフィードバックし、改善を促しました。

しかし、いっこうに改善される気配がありません。

私は語気を荒げて「社長からの指示で実施しているプロジェクトなのに、なぜ改善しないんですか！」とメンバーに訴えました。

メンバーからは、「人がいない」「時間が無い」といったできない言い訳ばかり……。

それを受けて当時の私は、「スタッフたちのこの取り組みに対するやる気のなさ」を問題にして社長に訴えました。しかし、すぐにそれは私の間違いであることに気づきました。

なぜメンバーが動かなかったか。それは、「メンバーの心のコップが上向きになっていなかった」からです。今思うと、社長が連れてきたコンサルタントからいきなり「ああしろ、こうしろ」と上から言われても、現場が受け入れがたいと思うのも無理はありません。

つまりメンバーは、私に対しての**「心のコップが伏せられた状態」であり、私がどんなに正しいことを言っても、メンバーの心の中には何も入っていかない状態だった**のです。

◉自分にとって正しいことが効果的なマネジメントとは限らない

このことから私は、「自分にとって正しいことだからといって、メンバーをマネジメントする上で効果的であるとは限らない」ということを学びました。

それから私は仕切り直して、メンバー一人ひとりの想いに耳を傾け、これまでの苦労をねぎらい、そして彼らのやりたいことを尊重するようにしました。そうしたところ、「メンバーの心のコップが少しずつ上向き」になり、私の言うことを受け入れるようになったのです。それに伴い現場改善が進み、成果に結びついていきました。

こうしたことはこの後も行く先々で起きました。外部のコンサルタントに対して、心のコップが最初から上向きであることなどまずないからです。ですから、いつも私は、自分の正しいことはいったん脇に置いておいて、まずはメンバーの想いを知り、関係性を作りながら、心のコップを上に向けることを優先するようにしています。

自分が正しいことを言っているのに部下が動いてくれない……。これは、多くの現場リーダーも日々経験していることでしょう。

ある不動産店舗の店長は、異動で他店舗の店長に配属された際、最初からその店舗のダメなところばかりを指摘してしまったといいます。その結果、既存の店舗メンバーの心のコップが上向きになるまでにかなりの時間を要することになり、自分のやりたいことができるようになるまで遠回りをしてしまった、と言っていました。

リーダーは、責任感や正義感から、自分が正しいと思ったことをつい部下に押し付けがちです。しかし、それが組織を束ねて目標達成を導く効果的なマネジメントになるとは限りません。**まずは部下の心のコップを上に向け、部下があなたの意見を受け入れられるようにする**ことが、部下の力を引き出す上で重要であり、それが結果的に成果に結びつくマネジメントへの近道となります。

ホスピタリティチームになるために

部下を動かしたければ、まず部下の想いをよく聞く

02

メンバーの「やる気スイッチ」を探し当て、押しまくる

◉日本人の仕事に対する「熱意」は世界最低基準

米国の調査会社・ギャラップ社が2017年に行った世界で働く人への調査で、**日本企業はエンゲージメント（134ページ参照）の高い「熱意あふれる社員」の割合がわずか6%**。米国の32%をはじめ、諸外国に比べて最低水準だったそうです。

要因としては、

- 日本はトップダウン型組織が多く、自主性が発揮しにくい。
- 日本人は「働くこと＝つらいこと」という思考が強く、仕事に対して「仕方なく仕事をする」といったマイナスマインドが強い。
- 仕事において、自分の「やりたいこと」や「強み」が生かされていないと感じている。

といった理由が考えられます。

高度成長期であれば、経済成長とともに役職も給料も生活水準も右肩上がりで伸びていったので、働く人の熱意のことなどあまり考えなくてもよかったのかもしれません。

しかし、これからの時代は、大きな経済成長が期待できない中で、少子高齢化が進み、慢性的な人手不足は加速していきます。そんな中で現場を預かるリーダーは、熱意や情熱が無いスタッフがやらされ感で仕事をしていて乗り越えられる時代ではないと認識すべきです。

特に、**接客・サービス業は、「スタッフの熱意や情熱」が、「生産性や業績」に直結**します。そのため、人手不足の中で、熱意と情熱を持ってスタッフに働いてもらうことは、これからの時代のマネジメントの核になる部分と言っても過言ではありません。

それでは、どのようにすれば、スタッフは熱意と情熱を持って仕事をするようになるのでしょうか？

それには、リーダーが部下全員を一括りにマネジメントするのではなく、個々のスタッフに応じた適応型マネジメントをすることが必須となります。

より具体的には、一人ひとりの部下のやる気スイッチがどこにあるかを見つけ出し、そのスイッチを押しまくることで、部下の熱意と情熱に火が点くのです。

◉スタッフのやる気スイッチは「仕事の目的」にある

そのやる気スイッチは、そのスタッフの「仕事の目的」から探し当てることができます。

私が研修で**「あなたの仕事の目的は何ですか?」**という質問をすると、主として以下の5種類の回答が得られます。

①生活のため、給料を稼ぐため＝報酬軸
②お客様や会社、社会への貢献のため＝貢献軸
③自分自身の成長、自己実現のため＝成長軸
④名誉、出世のため＝名誉・出世軸
⑤憧れていた、好きなことを仕事にできるしあわせのため＝やりたいこと軸

この中で、「生活のため、給料を稼ぐため」に関しては、回答としては一番多いのですが、これはあくまでも手段であり、本当に高い給料を稼ぎたければサービス業ではなく、異業種に行っているはずです。その奥に、この接客・サービス業を選んだ真の理由、仕事

の目的が必ずあり、それを部下に考えさせることも必要です。

これらの部下からの回答も参考にしながら、**各スタッフに応じたマネジメントを意識**します。例えば、「売上向上策を考えてほしい」と部下にリクエストするときも、

②貢献軸のスタッフには、「お客様にもっと喜んでもらいたいんだけど、よりたくさん利用してもらうにはどんな方法が考えられる？」

③成長軸のスタッフには、「接客するだけでなく、このような戦略を考えることがあなたの成長に必ず繋がる」

④名誉、出世軸のスタッフには、「あなたが上の役職になったときのために、今からこのようなことを考えて備えておいたほうがいい」

といったように言い方を変えるのです。このように、リーダーが各スタッフに対してやる気スイッチに応じた声掛け、マネジメントをすることで、スタッフの熱意や情熱は大きく変化し、組織全体の生産性向上に繋がります。

ホスピタリティチームになるために

個々の「仕事の目的」に応じて言い方を変える

03

部下のモチベーションを高めるために必ず知っておきたい「二要因理論」

◉モチベーションアップに繋がるのは「給料」よりも「承認」

部下の力を引き出す上で、部下のモチベーションを高めることが重要なことは言うまでもありません。ただ一方で、リーダーにとっては「悩みの種」であることも事実です。

アメリカの臨床心理学者であるフレデリック・ハーズバーグ氏は「二要因理論」で、**従業員の満足度やモチベーションは「衛生要因」と「動機付け要因」がある**と定義しています。

衛生要因とは、

①会社の施策や方向性
②職場での人間関係
③労働条件
④給料

⑤福利厚生の充実
⑥雇用の安定

といった、「あっても感動にならない」が、「無いと不満に繋がる」要因を指します。

動機付け要因とは、

①達成感
②承認感
③意味・意義感
④責任感
⑤成長感
⑥一体感
⑦幸福感

といった「無くても不満にならない」が、「あると感動に繋がる」要因を指します。

私はよく研修で、「過去に、上司からの働き掛けによってモチベーションが上がった出来事には、どんなことがありましたか?」という質問をします。すると、

「上司に、お前に任せると言われたとき」

「君のおかげで、成果を出すことができたと言われたとき」

といった回答が得られます。このようなことからも責任感や承認感が満たされたとき、すなわち**「衛生要因」ではなく、「動機付け要因」がスタッフのモチベーションの源泉になっている**ことが分かります。

◉スタッフのモチベーションを上げるために効果的なマネジメントとは？

前職の婚礼支配人時代、私はなかなか組織の営業成績が伸びずに悩んでいました。

そこで、営業成績向上策として、メンバーのモチベーションを上げるために思いついたのがインセンティブです。婚礼1組受注したら、受注したスタッフに報奨金を出すという仕組みを会社に掛け合ってとりつけました。

これでスタッフのモチベーションが上がり、数字も上がると期待し、部下に提案したのですが、イマイチ盛り上がりません。

案の定、インセンティブを導入しても成果は上がらず、営業成績は停滞したままです。

そんな中、あるスタッフから別案として、「今期のチーム目標を達成したらみんなで温

フレデリック・ハーズバーグの二要因理論

衛生要因

あっても感動にならないが、
無いと不満に繋がる要因

- 会社の施策や方向性
- 職場での人間関係
- 労働条件
- 給料
- 福利厚生の充実
- 雇用の安定

動機付け要因

無くても不満にならないが、
あると感動に繋がる要因

- 達成感
- 意味・意義感
- 成長感
- 幸福感
- 承認感
- 責任感
- 一体感

泉に泊まりに行きましょうよ！」と提案されました。

しかし、会社からは温泉旅行代は出ません。するとスタッフ同士で毎月積み立てを始め、目標達成に向けて1組1組の受注に一喜一憂しながらメンバー全員で取り組みました。

すると見事、目標を達成し、達成時には事務所で大盛り上がりとなりました。

部下のモチベーションを上げるには、**インセンティブのような「衛生的要因」ではなく、みんなで目標を達成してメンバー全員で喜びを分かち合う、「一体感」や「達成感」といった「動機付け要因」が効果的**である――そのことが身に染みてよく分かった経験でした。

心理学では、モチベーションには「外発的動機付け」と「内発的動機付け」があると定義しています。

「外発的動機付け」は、行動の動機が評価や賞罰、強制などの他者の刺激により動機付けられるという考え方であり、

「内発的動機付け」は、行動の動機が内面に湧き起こった興味や関心、意欲によるものにより動機付けられると考えられています。

一般的には、外発的動機付けは一時的な効果は見込まれますが、長期的な効果が出にくいという傾向があり、スタッフの心の中から湧き上がる「内発的動機付け」をいかに引き出すかが重要です。

そしてその**「内発的動機付け」を引き出す上で、「お客様に喜んでいただきたい」「誰かの役に立ちたい」といった、スタッフの内面にあるホスピタリティマインドは有効**であり、ホスピタリティをベースとした組織風土を作ることで組織全体のモチベーションの向上にも繋がります。

まとめると、接客・サービス業で働くスタッフのモチベーションを向上させるには、「衛生要因」よりも「動機付け要因」、「外発的動機付け」よりも「内発的動機付け」が有効であり、リーダーがこのことを理解し、これに則したマネジメントをすることが、メンバーのモチベーションの向上に繋がるのです。

ホスピタリティチームになるために

衛生要因ではなく、動機付け要因を意識する

04

会社が与える「金銭的報酬」と同じくらい、上司が与える「精神的報酬」は重要

◉仕事をすることによる2種類の報酬

仕事をする上で「報酬」と言えば、給料や賞与をすぐにイメージしがちですが、以前の高度成長期のように、毎年の昇給や高額な賞与が見込める時代ではもはやありません。

一方で、働く側の企業への志望動機も、以前は給料が高い、休みが多いといった待遇面が多かったのですが、最近では、

「自分のやりたいことができる」

「企業の考え方に共感できる」

「社会に貢献できる」

など、自分にとっての仕事の意味や意義を重視した動機が多くなってきています。

特に接客・サービス業を志望する若者に関しては、顕著にその傾向を感じます。

したがって、これからの時代は「金銭的報酬」だけではスタッフにとって魅力的な企業、職場にはならず、それと同じくらい、スタッフの心を満たす「精神的報酬」が重要な時代だと認識する必要があります。

その上で、部下に仕事の意味・意義を感じてもらいながら、やりがいを持って仕事ができる環境があること、そして**部下の心を満たす「精神的報酬」をいかにリーダーが部下に対して日々のマネジメントの中で提供できるか**が重要です。

そして、この「精神的報酬」は素晴らしいことに、リーダーの「意識」と「心掛け」だけで、明日からでもすぐに提供できます。金銭的な投資はまったく必要ありません。

◉効果的な精神的報酬の提供方法

部下の心を満たす精神的報酬の代表的なものとしては、「褒める」「感謝を伝える」「承認する」「任せる」などが挙げられます。

具体的な上司による部下への声掛けとしては、

「ありがとう」

「頑張っているね」

「嬉しいよ」

「君に任せる」

「素晴らしい」

など、リーダーが日々の中で意識的に**部下の心を満たす言葉のプレゼントを贈る**こと。

たったこれだけで、部下の精神的な報酬となり、これが有るか無いかで部下のやる気やモチベーションに大きな違いが生まれます。


あるウェディング系企業の取り組みに**「ホメホメ交換日記」**があります。

これは、その週に起こった出来事に対して、メンバー同士で「褒めたい」ことをノートに記入するということを仕組み化したものです。

「〇〇さん、オフィスの掃除を率先してやってくれて頭が下がります」

「〇〇さんがいるだけで、オフィスが明るく、元気になります」

といったように、お互いに精神的報酬を交換し合い、つまらない人間関係の消耗戦ではなく、お互いを讃え合い、仲間を愛する文化を醸成する取り組みです。

この取り組みを始めてから、組織内のコミュニケーションが活性化され、全メンバーが幸福感を抱きながら、いつも笑顔でお客様に向き合えるようになったといいます。

このように、日々の仕事の中でスタッフの心を満たす報酬をリーダーが率先して提供することで、スタッフが仕事において「しあわせを実感」できるようになると、やりがいや組織に対するロイヤリティの向上にも繋がります。

特に「心や想い」を重んじる接客・サービス業のスタッフにおいては、この精神的な報酬がやる気の源泉となり、組織運営において様々な効果をもたらすのは間違いありません。

ホスピタリティチームになるために

現場リーダーでも提供できる「精神的報酬」を意識する

05

部下の可能性に「フタをするマネジメント」と部下の可能性を「伸ばすマネジメント」の違い

◉部下の可能性を伸ばすリーダーのマネジメントとは？

これまで私は様々な企業にうかがい、様々な組織を見てきましたが、「部下の可能性にフタをしている組織」と、「部下の可能性を伸ばしている組織」が存在します。

その違いは何か？

当然ながら、組織のリーダーのマネジメント特性が大きく関係しています。

部下の可能性にフタをするマネジメントをしているリーダーの組織の業績は伸び悩み、部下の可能性を伸ばすマネジメントをしているリーダーの組織は例外なく高い業績を上げています。しかし、前者のリーダーから業績不振に関するヒアリングをすると、自組織や

部下の状況に関する話ではなく、

「少子高齢化でマーケットが縮小しており、思うように売上が上がらない」

「競合の値引き戦略により顧客が奪われている」

「うちの商品力では競合には勝てない」

といった、他責の事象が語られるケースが少なくないのです。そういうリーダーに限って、部下の可能性に「フタ」をして生かし切れていない傾向があります。

顧客のニーズ等がこれだけ多様化する時代に、リーダー一人の考えで物事を決断していくことはリスクが高すぎます。前述したように、**顧客に向き合い第一線で活躍している組織のメンバーの叡智を結集するマネジメントが必須**なのです。また、メンバーの組織への参画は、やる気の向上や自分事化、組織メンバーの可能性を伸ばすことにも繋がります。

それでは、「部下の可能性にフタをするマネジメント」とは、具体的にどのようなマネジメントなのでしょうか？

◉部下の可能性にフタをするマネジメント10

それは、以下のような10のマネジメント特性が挙げられます。

ご自身で当てはまる項目にチェックをしてみてください。

□部下の意見を聞かないで自分の意見を押し付ける。
□部下のことを考えないで、上しか見ていない。
□自分が全部把握していないと気が済まない（任せない）。
□自分の気分で言っていることがコロコロ変わる。
□感情の起伏が激しく、部下が扱いづらい。
□自分の保身や昇進のことしか考えていない（そう見えてしまう）。
□自分のお気に入りのメンバーしか可愛がらない。
□部下のアイデアや提言を上に上げないで、自分で止めてしまう。
□自分の意志やポリシーがない。
□部下に対する愛情表現が足りない。

いかがでしたでしょうか？　**3つ以上チェックが付いたリーダーは要注意**です。

これらのマネジメントを続けていると、いつまで経っても結果が出ないばかりか、部下は不平不満を抱えながらやらされ感で仕事を続けることになります。また、できる部下ほど組織を去っていくでしょう。

リーダー自身が**「部下の可能性にフタをするマネジメント」をしていないかどうか判断に迷う場合は、メンバーに組織の課題を挙げてもらう**ことで検証することができます。

「組織の風通しが悪い」「組織内のコミュニケーションが悪い」「情報共有がされていない」「職場の雰囲気が悪い」といった課題が挙がった場合は、直接的ではなくてもリーダーのマネジメント特性が関係している可能性が高いので、自身のマネジメントを見直し、修正していくことが必要です。

リーダーとして理想のマネジメントを目指すことも大切ですが、**部下の力を引き出す上でマイナスとなるマネジメントをしないことのほうがより重要**であり、そのことが結果的に部下の可能性を伸ばすマネジメントにも繋がります。

ホスピタリティチームになるために

部下にとってマイナスとなるマネジメントはしない

06

自分の持てる力を発揮できていない「もったいない部下」をなくすには？

◉「生かされていない部下」は「もったいない」

私がこれまで様々なスタッフと出会い、接してきて感じることは、残念なことに**「生かされていないスタッフ」が実に多い**ということです。

例えば、代表的な部下でいうと、

「自分のことを棚に上げて、会社や上司の不満を理由に仕事をしない」
「自分の給料分と勝手に自分で基準を決めて、最低限のことしかやらない」
「自分の担当業務以外は他人事で協力をしない」

といったように理由は様々ですが、いずれも自分の持てる力を100％発揮できていません。このようなスタッフを見るたびに、せっかくこの接客・サービス業を選び、**人生という限りある大切な時間を費やしているのに「もったいない」**と感じます。

そして、企業側から見ても、労働集約型の接客・サービス業は「スタッフの生産性＝業績」と言っても過言ではなく、組織を構成するメンバーの力が十分に発揮されるかどうかで業績が大きく左右します。リーダー一人がいくら頑張ってもたかが知れているのです。

それでは、リーダーがメンバーを生かし、組織力を最大化するマネジメントとはどのようなものなのでしょうか？

◉スタッフが生かされるマネジメントをする組織とは？

まずひとつ目が、部下自身の仕事の喜びを意識させることです。

私が研修で「この仕事の喜びとは？」と受講者に問うと、「お客様に美味しかったと言ってもらえたとき」「あなたが担当で本当に良かったと言われたとき」など、ほぼ全員が、お客様に喜んでもらえたときが自分の仕事の喜びだと回答します。

だとすれば、自分が仕事で喜びやしあわせを実感するためには、「お客様を喜ばせる」ことに尽きるはずです。それなのに、**自分の持てる力を発揮せずに、会社や上司を悪者にして、自分の仕事の喜びを放棄している**ようなスタッフが実に多いのです。

したがって、リーダーのマネジメントで大切なことは、**部下の目を「会社や上司への不満」ではなく、「お客様の喜びが自分の喜びである」ということのほうに向けさせる**ことです。

あるウェディング企業では、お客様からいただいた感謝や喜びの声を各スタッフから収集し、1ヵ月に一度、社内、取引先にメールで配信しています。

これにより、「本来私たちにとっての喜びとは何か？」「何を大切にしなければならないか？」をスタッフだけでなく、取引先も含めて共有しているのです。またそうすることで、「私たちが本来大切にしなければならないこと」への意識を高め、お客様の喜びを自分たちのエネルギーに変えて、メンバー全員、日々全力でお客様に向き合っています。

◉組織運営が「他人事」ではなく「自分事」になるように、メンバーを巻き込む

そしてもうひとつが、スタッフを組織運営に巻き込み、自分事化することです。

ある飲食店では、すべてにおいて他人事で、言われたことしかやらないメンバーに対して、社長から「全員社長経営」というビジョンが打ち出されました。

それまでは、経営数字は社長と店長だけで共有されていたのを、一般のスタッフまでです

べて情報開示し、予算や戦略もそれまでは店長がすべて考えていたことを、策定からメンバー全員が参画し、組織運営全般をスタッフ全員で行うようにしたのです。

そうしたところ、それまで組織運営を他人事と考えていたメンバーが自分事として捉えるようになり、それに伴いメンバー自らが積極的に料理やドリンクの単価アップや原価の抑制に取り組み、収益が大幅に向上しました。

このように、スタッフが生かされるマネジメントとは、**「職場の不平不満」というマイナスのマインドを「お客様の喜びの追求」というプラスのマインドに変える**こと、そして**部下を巻き込み、「他人事」ではなく「自分事」として組織運営に関わるように導く**ことなのです。

ホスピタリティチームになるために

部下の目を「会社の不満」ではなく「お客様の喜び」のほうに向けさせる

07

部下の力を「最大化する評価」と「最小化してしまう評価」の違い

◉評価の本来の目的は、部下の成長を促すこと

あなたは、部下一人ひとりにどんな評価をしていますか？

評価というと、会社からの人事評価が頭に浮かぶと思います。

企業としての評価基準を設けて「あるべき人財」に導くというのは、多くの企業がやっていることです。それが有効に働くこともあるのですが、この評価結果により、メンバーによっては「正当な評価を受けていない」と、やる気を失っていることも事実です。

人事評価の本来の目的は、企業や組織の目標を達成するために、プラスのことは評価して讃え、マイナスのことは改善を求めることで、会社の求める人財に導くとともに、部下

自身の成長を促すことにあります。したがって、**結果そのものではなく、成長への糧となる評価やフィードバックこそが重要**なのです。

そして部下の成長に繋がる評価をするには、部下への「承認」が前提になければいけません。まずは部下の良いことも、悪いことも上司が受け入れ、認めることが重要です。

逆に、「否定やダメ出し」を評価の前提にするリーダーは、「評価の良かった部下は頑張る」が、「評価の悪かった部下はやる気を失う」という結果を招きます。結果的に、組織全体のパワーで考えると良くてプラスマイナスゼロ、むしろメンバー間の優劣がチームワークを乱し、マイナスに働くケースが多いのが実状です。

以前、あるジュエリーショップで店長からの評価が低いスタッフがいました。

評価が低い原因は、スタッフの営業成績の低迷にありました。

そのスタッフは、普段から店長の風当たりが強く、事務所でも元気がなく、やる気を失いかけていました。しかし、私が見る限りでは彼女の接客は決して悪くありませんでした。

そこで、私は店長にお願いをして、そのスタッフに個別にトレーニングをしたところ、半年で頭角を現し、前年の2倍もの営業成績をたたき出したのです。

これは、部下に対して教育も何もせずに、結果だけで低い評価をすることは正しい評価をしたとは言えない、ということの何よりの証拠と言えるでしょう。

あなたの評価は「部下を生かす」という観点で効果的なものになっているでしょうか。まずはそれを見直す必要があるかもしれません。

◉上司の承認はハードルを下げることが必要

先ほども述べたように、効果的な評価をするためにリーダーが大切にすべきは、「部下への承認」です。承認には、大きく分けて3つの承認があります。

①結果承認…結果に対して認めること
②行動承認…結果に至るプロセスも認めること
③存在承認…存在すること自体を認めること

先のジュエリー店の店長は、そのスタッフに対して「結果承認」の観点でしか評価していなかったということが分かります。

これからの時代に、スタッフの入れ替えを繰り返して「結果を出す部下」だけを集めることは不可能でしょう。つまり**結果承認だけでは、すべての部下を承認する機会はいつまでたっても訪れません。**「承認」のハードルを下げて、「結果は出なかったけど、ここまでの過程はよく頑張ってくれた」という**行動の承認**、「今日も会社に来てくれてありがとう」「自分の部下でいてくれてありがとう」といった**存在の承認をすることが重要**なのです。

ホスピタリティチームになるために

部下の成長の糧となる評価をする

あなたがリーダーとして部下を評価することは、大切なマネジメントのひとつです。

もちろん、あなたが思う部下の至らぬ点もたくさんあると思います。

しかし、結果だけで評価するのではなく、その過程、もっと言えばそのスタッフの存在自体を評価する。それによってその部下はあなたの評価結果を受け入れ、たとえそれが低かったとしても成長の力に変えていってくれるようになります。そうなれば、部下は成長し、自ずと結果もついてくるはずです。

08

これからは部下の「業務スキル」よりも「ヒューマンスキル」を磨く時代

◉スタッフ教育の現状とこれからの教育のあり方

メンバーの力を最大化するために部下を教育して成長を促すことは、リーダーのすべき重要な仕事のひとつですが、接客・サービス業のスタッフ教育というと、これまでは「知識」「スキル」の習得を目的としたものが主でした。

飲食業であれば料理やワインの知識・接客サービススキル、住宅メーカーであれば家に関する基本的な知識・お客様への提案スキルといったように、業種や職種によって違いはあるものの、ある一定以上の知識・スキルをスタッフに身に付けさせることが教育の目的になっています。いずれも仕事に不可欠なものなので、これは当然のことでしょう。

ただ、これまでの時代はこれで良かったのですが、これからの時代はスタッフに「知識」や「スキル」が備わっているだけでは十分とは言えません。ＡＩ化が進む今後、多くの領域はITやロボットによって提供されるようになります。すでに今でも情報だけで商品を購入するのであれば、ネットショッピングで事足ります。

したがって、これからの時代の接客・サービス業に求められるのは、スタッフという「人」を介してもたらされる付加価値の提供です。

現に私も含めて、**多くの人が商品を購入する際に重要視するのは、「この人から買いたい」と思えるかどうか**です。

逆に商品は良くても、接客スタッフに「好感を持てない」という理由で購入に至らなかったケースは、皆さまにも経験があるのではないでしょうか？

私の関わりが深いウェディング業界でも、「チャペルは他の式場のほうが良かったけれど、ウェディングプランナーの〇〇さんに担当してほしかったからこの式場に決めました」といった事例は数限りなくあります。

それだけ知識やスキルではなく、その**スタッフの人間的な魅力が決め手**となり購入に至るケースは多く、それは高額商品、高付加価値サービスであればあるほど、その傾向は顕著に表れています。

このように、これからの時代は知識・スキルの教育だけでなく、「人的魅力を高める教育」が重要です。それは、

「あなたから買いたい」

「あなたに会いに来た」

といった顧客ロイヤリティやリピート率の向上を図る上でも重要な施策となります。

それでは、どのようにしてヒューマンスキルを教育すればよいのでしょうか？

◉部下の人的魅力を高める方法

私は、スタッフの期初の目標設定時に、業務知識・スキルとともに、**「人的魅力を高める」目標設定**をしています。

手順として、まずスタッフに「自分の直したいところ」をヒアリングします。

「時間にルーズなところ」

「ネガティブなところ」

これまでの接客サービスと
これからの接客サービスの違い

これまでの接客サービス		これからの接客サービス
スタッフの「知識・スキル」が購買動機	⇔	スタッフの「人的魅力」が購買動機
商品の強みや魅力を伝えることを重視	⇔	そのお客様との関係性を高め、ニーズを引き出し提案することを重視
お客様に売り込む	⇔	お客様に貢献する
物質的価値の提供（モノの提供）	⇔	精神的付加価値の提供（喜びやしあわせの提供）
売上・受注重視	⇔	企業の目的実現重視（経営理念の実現）

など、スタッフ自身に関する様々な課題が挙がります。

一方、私からも日々の中で**「その部下がもっとこうなれば人としての魅力が向上するのに」ということをフィードバック**します。

「感情の起伏があり、良いことも悪いことも顔に出やすい」

「全体的に受け身で、もう少し自分から発言、発信してほしい」

「会議のときに、心ここにあらずといった瞬間が見受けられる」

これらは、本人の自覚症状が無いケースが多いので、あえて「部下の人的成長のため」「もっと魅力的な人間になるため」という目的でフィードバックをしています。

そして、本人の意向と、私からのフィードバックを踏まえて、ヒューマンスキル面の目標を設定します。

「その日のことはその日のうちに仕上げる」

「もらったメールは必ずその日に返信する」

「いつも笑顔でご機嫌でいる」

「素直に自分を表現する」

こういったことを目標設定シートに落とし込み、毎月の面談時にこのことにも触れ、本人評価と私からのフィードバックを通じて人的魅力の向上を図っていきます。
これにより、「感情の起伏が無くなった」といった人間的成長はもちろんのこと、「お客様からのクレームが減った」「営業成績が上がった」といった効果も実感しています。

日頃のスタッフの行いは「一事が万事」であり、「社内メールの返信が遅いスタッフはお客様への返信が遅い」「社内で受け身なスタッフはお客様に対する提案力が弱い」というようにお客様への接客サービスにすべて繋がっているのです。だからこそ、部下の人間的な成長は、お客様へのサービス向上、組織内での課題解決にも繋がるのです。

なお、これらは決して人格否定ではなく、部下の「人間的な魅力を高めるための協力者」として上司がサポートする、というスタンスがとても重要です。

ホスピタリティチームになるために

部下の人的魅力を高めるサポーターでいる

第3章

チーム全体の課題を解決し、「組織力」を最大化する

01

協働により「シナジーを生む組織」と「疲弊するだけの組織」の違い

◉企業の土台を支える組織運営が重要性を増す時代

中小企業の約7割が人員不足を実感しているといいます。

そんな中、今いるスタッフのパフォーマンスを上げて生産性を最大化すること、そして、戦力化したスタッフが辞めずに長く勤め、彼らに安定的に貢献してもらうことが、これからの企業経営の命運を分ける、と言っても過言ではありません。

それだけに、**企業の土台を支える「組織力」を高めることは、スタッフを最大限生かす上ではもちろんのこと、収益を最大化する上でも重要な戦略**となります。実際、組織運営を見直すことで、それまでの何倍もの成果を上げられることだってあるのです。

例えば、私が今まで経験してきた中でも、

- あるホテルのブライダル部門では、リーダーもメンバーも替えずに、組織運営のやり方を変えただけで、売上が前年の1・6倍にアップ
- あるレストランでは、新人が入ってもすぐに辞めてしまい、離職率が30％もあったのが、組織運営の見直しによって離職率10％未満に激減

といったケースがありました。

こうした変化を起こすカギは、「メンバー同士の協働によるシナジー」です。

では、メンバーの協働により「シナジーを生み、収益を最大化する組織」にするためには何が必要なのでしょうか？　それには**「スタッフの精神的な欲求を満たして力を引き出す組織運営をする」**ことが不可欠です。

これまでの時代は「仕事はつらいものであり、その対価として給料をもらえる」という考え方の中で、スタッフのやる気やモチベーションを引き出してきました。

しかし、これからの時代は金銭的な報酬だけでなく、「自分の仕事の意義」「この仕事のやりがい」「自分が必要とされているかどうか」といった、スタッフの精神的な充足が仕事のやる気やモチベーションに大きな影響力を持つ時代です。

したがって、「聞く耳を持たない上司」や「現場のことを考えない幹部」がいると、**部下の仕事に対する想いが満たされず、不満に繋がってしまいます。途端にやる気は減退し、次の職場を求めて転職まで考えてしまう**ことも少なくありません。

◉第2段階の「安全欲求領域」を超えられるかどうかが分かれ目

それでは、スタッフの精神的欲求を満たすには、どうすればよいのでしょうか？

アブラハム・マズローの欲求5段階説は、人間の欲求を5段階の階層で解説した理論で、ひとつの欲求を満たすとひとつ上の欲求を求めるようになるという理論です（左図参照）。

- 第1段階：生理的欲求――生きていくための本能的な欲求
- 第2段階：安全欲求――安心、安全な生活への欲求
- 第3段階：所属と愛の欲求――社会から受け入れられたい欲求
- 第4段階：承認と尊重の欲求――他者から認められたい、尊敬されたい欲求
- 第5段階：自己実現欲求――自分のあるべき姿になりたい欲求

マズローの5段階欲求と
スタッフの精神的充足との関係

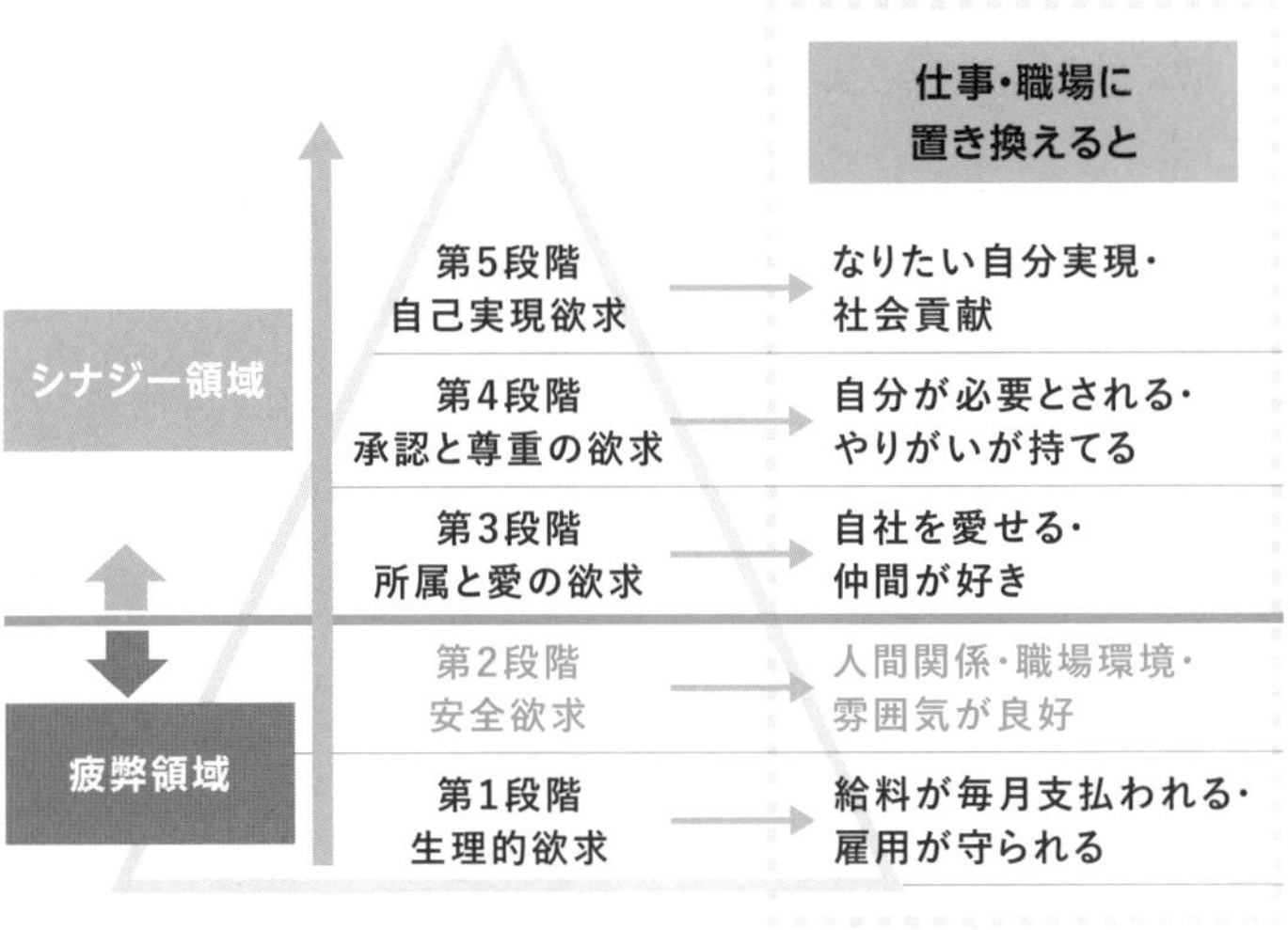

組織運営において、第2段階の「安全欲求」を満たすことが、
「疲弊する組織」と「シナジーを生む組織」の分岐点となっており、
シナジーを生むには良好な職場環境を整える必要がある。

ここでは図も見ながら、5つの欲求を仕事の欲求に置き換えて考えてみましょう。

第1段階の「生理的欲求」は仕事に置き換えると、「給料が支払われる」「雇用が守られる」となり、これはほとんどの企業は満たしているものです。

問題は第2段階の「安全欲求」です。多くのリーダーは、今の職場は安全だから大丈夫だと思っているのですが、「職場の人間関係・環境・ムード」はどうでしょうか。**職場内の人間関係がうまくいっていなかったり、職場環境、ムードが悪いと、心理的に安全とは言えません。**また、そういう職場では、スタッフは仕事に対して前向きに取り組めず、「やらされ感」に覆われ、十分な力を発揮できません。協働による相乗効果どころか、むしろマイナスの「疲弊領域」に留まってしまいます。

一方、第2段階をクリアして、第3段階の「所属と愛の欲求」に至ると、スタッフは「この組織が好き、会社が好き」「この職場で働けて楽しい」といった想いを持つようになり、協働によってプラスが生まれる「シナジー領域」となります。さらに、第4段階の「承認と尊重の欲求」までいくと「自分はこの組織から必要とされている」「自分が頑張らなければ」、第5段階の「自己実現欲求」までいくと「この仕事を通じてなりたい自分になれる」「この仕事で社会のお役に立てる」と実感するようにもなります。

つまり、**「シナジーを生む組織」と「疲弊する組織」の分かれ目は、第2段階の「安全欲求領域」を超えられるかどうか**にあり、それには組織環境の整備が重要なポイントとなるのです。

目の前の業績を上げたり、オペレーションを回すことばかりに注力して、職場の人間関係や組織環境の課題を軽視しているリーダーは少なくありません。しかし、それでは逆に目の前の業績は上がらず、オペレーションもうまく回らないはずです。

自分の組織の現状がどの段階なのかを客観的に把握した上で、スタッフ力を結集してシナジーを生む組織運営をする。そういう視点に立って日々のマネジメントをすることが業績を向上させる実は一番の近道であることを、まずはきちんと理解してください。

ホスピタリティチームになるために
目の前の業績を上げるためにも、土台となる組織環境を整備する

02

離職率が「高い職場」と「低い職場」の環境の違い

◉離職率の低い職場にはあって、高い職場にないもの

最近、私が経営者から相談を受ける中で、「うちの会社は離職率が高い」「新しいスタッフを採用しても、すぐに辞めてしまう」といった離職に関する相談が増えています。

また、その相談を受けて、私がそれらの企業にうかがった際に総じて感じるのは、

「離職率の高い職場は空気が冷たい」

ということです。外部の人間である私が事務所内に入って行っても、挨拶も無ければ、スタッフ同士の笑顔も会話も見られません。このような職場環境では離職率が高いのもうなずけます。

一方で、離職率が低い職場にはある共通点があります。それは職場に「ありがとう」と「笑顔」が溢れていて、職場の空気が温かいという点です。

ある地方のトリミングサロンで、「最近、スタッフ同士がギクシャクしているのでなんとかしたい」という相談を社長から受けました。

そこで、私がインナー・ホスピタリティの研修を提案して実施した際に、メンバー同士で「お互いにありがとうを言おう」というワークをしました。これはメンバー10名が一人ひとりに「ありがとうを伝える」という、ただそれだけのワークです。

ある新人は、「○○先輩、いつもトリミングの技術を教えていただき、ありがとうございます！」。

あるベテランスタッフは、「○○ちゃん、いつも朝早く来て、店のオープンの準備をしてくれてありがとう」。

店長は、「社長、こんな私を店長にしていただき、ありがとうございます」。

普段思っている感謝の気持ちを一人ひとりの目を見ながら、心を込めて伝えていきます。すると誰からともなく泣き出し、全員が伝え終わる頃には、全員号泣していました。

私が「みんなどうしたの？」と聞くと、

新人は、「みんなの足を引っ張ってばかりいて、私はこの職場に必要ないと思っていたけど、みんなが私のことを見てくれていて嬉しい」。

店長は、「上司らしいことは何ひとつできていなくて、みんなから嫌われていると思っていたけど、私のことをこんなに想ってくれていたなんて感動した」。

ここから、このトリミングサロンは結束を固め、その年、過去最高の売上を達成しました。私はこのような経験を他企業でも何度も経験しています。

◉離職率を下げるために大切なこと

このことから分かるのは、**感謝の気持ちをお互い伝えられている職場が意外に少ないということです。スタッフたちは「ありがとう」に飢えています。**

「ありがとう」は相手に対する承認を意味し、お互いを承認し合える職場環境であるかどうかは、全員がお互いを信頼し、安心して働けるという点においても重要であるということを物語っています。

また、笑顔に関しても、私たち接客・サービス業の仕事の目的は本来、「お客様の喜びやしあわせに貢献すること」のはずなのに、「仕事はつらいもので、楽しく仕事をすることは悪」といった職場風土をいまだに感じることがあります。

しかし、笑顔は、

「しあわせを実感できる」

「親しみやすくなる」

「話し掛けやすくなる」

「お互いが元気になれる」

といったメリットがいっぱいです。**接客・サービス業にとって笑顔は仕事のエネルギーの源泉**なのです。「職場の笑顔＝お客様の笑顔」と考え、笑顔溢れる職場風土が必要です。

このように、職場にありがとうと笑顔が溢れていること、たったこれだけで離職率の低下に繋がることをリーダーは理解し、まずはリーダー自らが常に笑顔で、事あるごとに「ありがとう」を伝えることから始めていきましょう。

ホスピタリティチームになるために

「ありがとう」と「笑顔」に溢れる職場を作る

03

マネジメントは「従業員満足度」から「エンゲージメント」追求の時代へ

●「従業員満足」と「エンゲージメント」の違いとは？

これまでの時代は、いかにお客様に喜んでいただけるかという「顧客満足度（CS）」を重視してきた時代でした。しかし、昨今では人手不足や従業員の心の充足がお客様へのサービスの質に影響するという観点から、「従業員満足度（ES）」を重視する企業が増えてきました。

さらには、「従業員満足度（ES）」を超えた、会社と従業員、上司と部下、メンバー同士の〝絆〟を深める「エンゲージメント」の向上に取り組む企業も増えてきています。

それでは、従業員満足とエンゲージメントとの違いとは何なのでしょうか？

従業員満足は、「福利厚生が良い」「上司との関係性が良い」「組織の風通しが良い」「仕事を任せてもらえる」「チャレンジできる」「成長できる」など、会社の施策やリーダーのマネジメントによってスタッフの満足度を上げることを意味します。

一方、エンゲージメントは、会社やリーダーからの一方的な施策でスタッフの満足度を高めるのではなく、メンバー同士、組織全体の「共感」や「繋がりによる喜び」から育まれる〝絆〟により、組織への自主的な貢献意欲が高まることを意味します。

したがってエンゲージメントは、**組織への「愛着」が生まれ、組織への貢献意欲、自主性、創造性を最大化する効果があり、それゆえ今注目されているマネジメント**なのです。

では、エンゲージメントを組織で高めるためにはどのようにすればよいのでしょうか？

◉エンゲージメントを高める方法

ある地方の整形外科クリニックの開業サポートをした際のことです。

様々な病院から、看護師や理学療法士、医療事務スタッフが採用されました。

私は開業前に、すべてのスタッフがこのクリニックで働くことに〝縁〟を感じられるように、またお互いの繋がりを深くするためにキックオフミーティングを開催しました。

そこで、メンバー全員に、

「このクリニックをどんなクリニックにしたいか?」

ということを質問しました。すると、

「この街で一番のクリニックにしたい」

「患者さんに優しいクリニックにしたい」

「診療だけではなく、我々の接遇で患者さんを元気にしたい」

など、スタッフ一人ひとりのクリニックに対する想いが引き出されていきました。

そして最後に、各メンバーの想いを紡いで院長が出した方針は、

「患者さんに、気軽にお声掛けいただけるような雰囲気作りを心掛けること」

「患者さん一人ひとりに、私たちが提供できる中で最善と思われる治療を精一杯すること」

「患者さんに『笑顔』でお帰りいただけるようにすること」

でした。

このことが、前は別々の医療現場で働いていたメンバーを「ひとつに繋ぎ合わせる」とともに、このクリニックに対して愛着と貢献意欲が生まれ、メンバーのエンゲージメントを高めることに繋がったのです。結果として、このクリニックは患者さんの支持を集め、

開院からわずか1年で、その街で一番患者数の多いクリニックとなりました。

このほかにも、エンゲージメントを高める取り組みとして、**ある住宅メーカーでは上司が年に1回、部下全員に普段の感謝の気持ちを手紙に綴って贈っています。**

また、**ある飲食店では各スタッフの誕生日に、メンバー全員の気持ちを寄せ書きにしてプレゼントしています。**

いずれも、そこで働くスタッフたちは「このような仲間と一緒に働けること」に喜びやしあわせを実感し、それによって組織に〝絆〟が生まれ、エンゲージメントも高まっています。

このように、お互いの気持ちを分かち合い、繋がりを意識して組織の一体感を醸成することが、組織に愛着が生まれ、エンゲージメントを高めることに繋がるのです。

ホスピタリティチームになるために

メンバー同士の気持ちを伝え合い、〝絆〟が生まれる仕掛けを作る

04 みんなが気持ち良く働けるように、職場のルールを話し合いながら決める

◉「気持ち良く働ける職場環境」の整備が不可欠な理由

メンバーが気持ち良く働ける職場環境を作るために、どんな取り組みをしていますか？

接客・サービス業は、**「メンバーのその時々の気持ちや感情が、お客様へのサービスのパフォーマンスや質に大きな差をもたらす」**という特徴があります。

それだけに、メンバーがお客様に最高のパフォーマンスを常に提供できる職場環境を作ることは、リーダーとしての大切なマネジメントのひとつです。

しかし、同じ組織内のメンバーであっても、年齢も性別も雇用形態も様々。各メンバーが望む「理想の職場環境」も当然異なるため、全メンバーが満足のいく職場環境を構築することは簡単ではありません。

また、職場の雰囲気やムードなどは、リーダー一人によって作られるものではなく、そこで働く一人ひとりによって作られるものでもあります。

それでは、どのようにすれば、メンバー全員にとって気持ち良く働ける職場環境を作ることができるのでしょうか？

◉メンバー全員の総意で決めたほうが実行度が高まる

あるデザイン会社の社長から、「企画・制作、営業、デザイン、事務と様々な職種が同じフロアで働いているため、同じ価値観を持ってお互いが気持ち良く働ける職場環境が作れない」という相談を受けました。

確かに、営業部門は社交的な人が多いせいかオフィス内でも会話をしながら仕事をしているのに対し、デザイン部門はパソコンに向かって黙々と仕事をしており、オフィス内の会話は雑音に聞こえてしまうかもしれません。

そこで私は、全メンバーを対象にしたワークショップを開催し、

「あなたが気持ち良く働ける職場とは、どんな職場ですか？」

という質問をしました。すると、

「明るい元気な挨拶がある職場」
「静かで落ち着いた職場」
「困っているときに助け合える職場」

など、様々な意見が出されました。まずはそれをメンバー全員で共有します。

すると、**気持ち良く働ける職場は「人それぞれ違う」ということに気づくとともに、みんなが共通して職場に望んでいることが浮き彫り**になります。

そうしたら次に、このチームでみんなが気持ち良く働くために全員が守るべきルールを、話し合いながら決めていきます。リーダーが決めてもよいのですが、メンバー全員の総意で決めたほうが実行度が高まります。また、経営理念や行動指針にヒントがある場合も多いので参考にします。

この組織では、

「相手の顔を見て、名前を添えて全員に挨拶する」
「何かをしてもらったら、『ありがとう』を必ず言葉で伝える」
「話し掛けられたら、『笑顔』で応える」

になりました。

これを見て分かるように、この職場の課題は部署間・メンバー間のコミュニケーション不足であり、それをメンバー全員がお互いに欲していたことが分かります。

そして、**それまでは各個人で思っていた気持ち良く働ける職場が、みんなのルールになることで共通価値になり、全体的な職場環境の改善に繋がります。**

あとは、それを全員が守れるように、「朝礼で唱和する」「終礼で振り返る」「ミーティングの中でこのテーマを扱う」といったことを実施していくことで、組織のルールとして定着させていきます。

この組織はワークショップ後、メンバー間のコミュニケーションが活性化し、職場環境が大きく改善しました。各メンバーの持つ価値観を共有する機会を作り、組織の共通価値に置き換え、みんなでそれを守ることで、職場環境の課題は改善することができるのです。

ホスピタリティチームになるために

「みんなが気持ち良く働ける職場環境」をルール化で整備する

05

「生産性の高い会議」と「ムダな会議」のやり方の違い

◉「ムダな会議」の特徴とは？

接客・サービス業においては、シフト制で現場を動かしているケースが多く、メンバー全員が集まった会議を開催するのが難しいのは事実です。

しかし、みんなが顔を合わせ、向き合って議論する場はほかにはありません。**業務効率や生産性をさらに向上させていく上でも、「会議」というツールを効果的に活用することは、マネジメントにおける大切な要素**のひとつです。

仕事柄、私は様々な企業でほぼ毎日何かしらの会議に参加しています。会議のやり方は企業ごとに違いますが、「ムダな会議」の特徴としては、

- 目的、ゴールが見えない
- 単なる報告会でしかない

- リーダーの演説の場になってしまっている
- 結論が出ない、決まらない
- 時間に始まらない、時間に終わらない

などが挙げられます。それでは、どのような会議のやり方をすれば、メンバーの参加意識や生産性は上がるのでしょうか？

◉生産性が上がる会議のやり方

私が会議でファシリテーター（進行役）を務める際、心掛けることは次の5つです。

①目的、ゴールを明確にする

事前にその会議の議題やゴールをメンバーと共有しておき、会議の冒頭でも今日のゴールを明確にした上で会議を始めます。

②全員参加型にする

特定の人が話すのではなく、参加者全員が発言する機会を作ります。具体的には、最初のアイスブレイクで「最近仕事で嬉しかったこと」などを共有して、みんなが発言しやすい雰囲気を作ってから本題に入り、議題に対しても一人ずつ発言を求めるようにします。

③事前準備がされている

資料は当日配布ではなく事前配布にし、メンバーが目を通した上で会議に臨めるようにする、といった工夫をします。

④時間に始まり、時間に終わる

決まった時間にメンバー全員が集まり、途中退席や欠席も無く、決まった時間に終わるようにします。それにより、欠席の人に会議の内容を共有する手間や、延びることを想定して会議後のアポイントを入れないといった時間的ロスをなくし、生産性向上に繋げます。

⑤笑顔がある

腕を組んで、しかめっ面で臨む会議では、創造的なアイデアが生まれたり、メンバーの士気が高まったりすることはありません。BGMをかける、茶菓を用意するなど、メンバーにとって参加することが楽しみになる会議にする工夫が重要です。

実際、あるウェディング系企業では、会議内容を見直してから「会議に参加することが楽しみになりました」という声がスタッフから出るほど、それまで誰も発言しない静かな会議から、みんなが前のめりで発言する会議に生まれ変わりました。

また、ある保険会社では、**「各営業マンの売上実績に対するツッコミばかりで、責めら**

れる場でしかない」という営業会議がありました。これを「**お客様の喜びの声の共有」「うまくご契約いただだいた成功事例の共有」「メンバーに対しての今月のありがとうの発表」といった場に変えた**ところ、会議のムードが良くなり、意見も活発に交わされるようになって、チーム全体の売上増にも繋がったといいます。

このように「会議」は効果的に活用すれば、組織全体の意思疎通が図れる、士気が高まる、メンバーの組織運営への参加意識が高まる、生産性・業績の向上に繋がるなど、多くのメリットが得られるものなのです。

リーダーは時間が無いことを言い訳にせず、「朝礼・終礼の時間を少しだけ伸ばして活用する」「WEBミーティングを活用する」「一度に集まれなければ何回かに分ける」など、各現場の状況に合わせた工夫もしながら、会議を効果的に活用していきましょう。

ホスピタリティチームになるために

みんなが話し合いたい議題を中心とした会議にする

06 「正しい意思決定」ではなく、「効果的な意思決定」を意識する

◉接客・サービス業における意思決定の課題

マネジメントは意思決定の連続です。「商品開発」「集客」「採用・人事」など、すべての戦略や施策は意思決定の上に成り立っています。したがって、意思決定によって「物事がうまくいくか」「結果を出せるか」が決まる、と言っても過言ではありません。

ただ、接客・サービス業は、商品を売るのも、サービスを提供するのも、人であり現場のスタッフたちであり、彼らが「売りたいと思うのか?」「やりたいと思うのか?」によって結果が変わるのが大きな特徴です。したがって、意思決定そのものだけでなく、それに対する現場スタッフの姿勢やマインドも重要になってきます。

ところが、私が現場の声を聞く中では、リーダーが勝手に決めた売上対策で、メンバーが「やっても無駄」だと思いながら取り組んでいるようなケースもあり、成果に結びつか

ない意思決定も多く見られます。

かくいう私も、そんな意思決定をしてしまっていた一人です。前職の婚礼支配人時代には、引出物や演出などに関して、様々な企業から新商品の提案を受ける機会が多くありました。私は利益率の高い商品を採用し、メンバーに積極的に販売するように指示をしましたが、まったく売れませんでした。

なぜだと思いますか？ それは、**スタッフたちの意見は何も反映されておらず、スタッフたちにとって「売りたい商品」ではなかったた**からです。

接客・サービス業における現場の意思決定では、

「その意思決定に、どれだけスタッフや現場の意思が反映、尊重されているか？」

「その意思決定に、どれだけスタッフの納得感があるのか？」

によって、結果はまったく違ったものになるのです。

◉メンバーに納得感を与える意思決定のプロセスとは？

それでは、具体的にどのような意思決定のプロセスが必要なのでしょうか？

まず、大切なのは**「リーダーが一人で勝手に決めない」**ということです。

先ほどの私のケースなどは、まさにリーダーが一人で勝手に決めて失敗した典型例です。

その後、私は意思決定の方法を変えました。ある写真屋さんから結婚式の写真アルバムの提案を受けた際も、各メンバーの意見をまずは聞き、それも踏まえた上で意思決定をしたところ、大ヒット商品となったのです。

また、新しい婚礼料理メニューも、それまではシェフから提案されたメニューをそのまま採用していたのですが、スタッフに意見を求め、改善点をシェフと相談しながらメニューを創り上げるように変えました。そうしたところ、料理単価がそれまで1万3000円だったところが1万6000円と、3000円も上がりました。

これらのことからも、**メンバーを意思決定に巻き込み、現場メンバーの意向を汲んだ意思決定をするだけで成果に大きな違いが出る**ことが分かります。

スタッフの意見の吸い上げ方としては、ポストイットを使い、スタッフ一人ひとりに意見をまず記入してもらい、あとで発表・共有してもらう方法がおすすめです。ポストイットに記入することで「自分の考えをまとめられる」こと、またポストイットに書いてから発表することで「ほかのメンバーの意見に左右されない」というメリットがあるからです。

そのほかにも、メールで意見集約したり、回覧にして記入してもらったり、LINEでアイデアを募ったりと、集まる機会が無くても意見を収集する方法はいくらでもあります。

もちろん、時にはリーダーとして、メンバーの意見を集約したものとは異なる意思決定をするケースもあります。

その場合は、自分の信念に基づき、みんなに胸を張って説明すればよいのです。大切なのは、**「メンバー一人ひとりの考えをリーダーが理解しているかどうか」**であり、このプロセスがあるかどうかで納得感がまったく違うのです。

リーダー自身の考える「正しい意思決定」ではなく、組織にとって「効果的な意思決定」をする――そうした意識をリーダーが持ち、メンバーに納得感を与える意思決定のプロセスを構築すれば、結果は劇的に変わります。

ホスピタリティチームになるために

リーダーが一人で勝手に決めず、メンバーを意思決定に巻き込む

07

現場力を高める効果的な「情報共有」の仕方

◉情報が行き届かないと、ミスやクレームに繋がる

接客・サービス業において、現場で必ず挙がるのが情報共有に関する課題です。

その要因として、パソコンが一人1台ある職場は少なく、シフト制で全員が顔を合わせる機会も少ないため、各スタッフに情報が行き届かないケースが多いことが考えられます。

また、そのために「聞いている、聞いていない」といった食い違いが生じ、それがミスやクレームに繋がることが多いのも事実です。どうすれば解決できるのでしょうか？

まずひとつ目の解決策を考える上で私の経験上感じるのは、**情報共有の課題がある組織は、共通して組織内のコミュニケーションに問題がある**という点です。

例えば、話し掛けにくい上司であれば、当然、部下は話し掛けるタイミングをうかがうので、情報共有が遅れたり、十分な情報共有が成されていなかったりします。

そこで上司のほうから部下に話し掛け、「あのお客様どうなった?」「あの件、順調に進んでいる?」などと聞くようにすると、情報共有の課題がかなり解決されます。また、それによって情報共有の大切さをスタッフも認識して、部下から積極的に情報共有をするように変化していくのです。

ある不動産会社では、お客様からの電話があるという理由で「オフィス内での会話禁止」というルールを設けています。しかし、私語はともかく、お客様情報をオフィス内で共有することには、担当外のお客様でも自分事として対応できるといったメリットもあります。社内ルールや職場慣習が情報共有を阻害していないかの検証も必要です。

解決策のふたつ目は、**「情報共有の仕組みやシステムを作る」**ということです。

前職の婚礼支配人だったときに、婚礼組数増加により情報伝達ミスによるクレームが激増してしまったことがあります。

それまでは、月1回、キッチン、宴会サービス、衣裳、美容、写真などの責任者による会議で情報共有を図っていたのですが、それだけでは不十分だと考え、毎週木曜日に関係部署が集まって、週末の手配関係の確認から結婚式当日の動きまで1組ずつ確認をするように仕組み化したところ、ミスやクレームは激減しました。

また、あるホテルでは部署間の情報共有に課題があり、全部署参加の朝礼を仕組み化しました。その後あるとき、レストランのディナーで起きたちょっとしたクレームを、チェックアウト時にフロントスタッフがお客様にお詫びしたところ、お客様はその連携に感動されてリピーターになったというエピソードもあります。

そして解決策の3つ目は、「**情報共有の徹底度を高める**」ことです。

朝礼、終礼、定例ミーティング、引き継ぎ帳、社内イントラネットなど、情報共有をする仕組みやツールがあっても、それをきちんと活用しなければ意味がありません。

私が見ている中では、**ツールやシステムが無いことが問題という組織よりも、情報共有の重要性の認識と徹底の習慣化に課題がある組織のほうが多い**と感じています。

スタッフによっては、「何をどこまで共有したらいいか分からない」という場合もありますし、「この程度は報告しなくていいだろう」と勝手に解釈している場合もあります。情報共有の質や中身をみんなで共有し、基準を合わせるなどの取り組みも必要です。

◉悪い情報と同じくらい良い情報も共有する

一般的に、情報共有の目的はミスやクレームを防ぐためといったリスクヘッジの要素が大きく、「情報共有したい」というよりも「情報共有しなければならない」という義務的なマインドで行われる傾向にあります。

しかし、私が推奨するのは、**「良いことも悪いことと同じくらい共有する」**ことです。例えば、「お客様からのお褒めの言葉」を朝礼で共有する、「仲間がしているサービスで良かったサービス」をミーティングで共有するといったように、みんなが共有して嬉しくなるような情報共有を活発にすることで、全体的な情報共有も活性化します。

情報共有は、お客様へのミスやクレームを防ぐことができるだけでなく、情報共有による連携でお客様に感動のサービスを提供することもできるのです。情報という血液を、組織という体に詰まることなく循環させるために、「コミュニケーション」「仕組み」「徹底度」のどこに課題があるのかを検証し、解決していきましょう。

ホスピタリティチームになるために

「コミュニケーション」「仕組み」「徹底度」のどこに課題があるのか検証する

08 リーダーのマネジメントスタイルで出来上がる組織は変わる

◉5つの組織のタイプとは？

スポーツの世界では、リーダーの戦略やマネジメントによって、チームのスタイルが大きく変わります。

例えば、野球で言えば、点を取られない守りのチームにするのか、ホームランを打てる攻撃的なチームにするのかといった戦略の違いで練習内容も大きく変わります。

監督やコーチのマネジメントにおいても、選手の管理を重視するのと、自主性を重視するのとでは、出来上がるチームは大きく変わります。

これはスポーツの世界だけでなく、ビジネスの世界でもまったく同様であり、リーダーの戦略やマネジメントスタイルで組織がまったく違うものになることを認識しておく必要があります。

したがって、リーダーであるあなたが組織の目標を達成するために、**どのような「戦略」で、どのようにメンバーを「教育」して、どのような「組織」を目指すかによってマネジメントスタイルも変わってくる**のです。

それでは、どのような組織・マネジメントスタイルが目標達成に効果的なのでしょうか？　一般的に組織は5つのタイプに分けることができます。

①トップダウン型組織

リーダーが絶対的な権限を持ち、組織を支配的に運営するスタイルです。疲弊した組織を立て直すときなどには、効果的なマネジメントスタイルと考えられています。

②階級・軍隊型組織

上意下達で役職の階級に基づく序列によって、組織は管理されます。統率や管理を重視する製造業や大人数の組織を管理する際には効果的です。

③成果型組織

階層構造は持ちながら、成果を上げたスタッフは評価を受けられる組織スタイルです。

個人で売上目標があるような営業部門などでよく見られます。

④ボトムアップ型組織

組織内で共有された価値観や文化をもとに、現場への権限委譲が進む組織スタイルです。現場や一般スタッフの意見や意向が尊重されるため、顧客との接点が現場にある業態で効果的です。

⑤目的実現型組織

自社と個人の目的を実現するために、メンバー同士が共創関係となり自主的に関わる組織スタイルです。スタッフの創造性の発揮がカギとなるようなクリエイティブな仕事、自社社員だけではなくフリーランスと提携してプロジェクト的に仕事を進めていくような職種に適しています。

◉接客・サービス業に適したマネジメントスタイルとは?

これらの中で、**接客・サービス業において、私の経験上、一番成果が出る組織スタイルは、「ボトムアップ型組織」と「目的実現型組織」**です。

私はホテルの婚礼支配人だった時代に、まさに「トップダウン型」を築いていました。

組織のタイプ別特徴と適応する業種・職種

	特徴	適応する組織・業種・職種
トップダウン型組織	リーダが絶対的な権限を持ち、組織を支配的に運営	立て直しが必要な組織 ベンチャー企業 短期間に成果を出すための組織
階級・軍隊型組織	上意下達で役職の階級に基づく序列によって組織を管理	単体が大規模な組織 統率・管理を重視する製造業 公官庁
成果型組織	階層構造は持ちながら、成果を上げたスタッフは評価を受けられる組織	営業・販売系職種 脱年功序列を目指す組織 保険会社
ボトムアップ型組織	組織内で共有された価値観や文化をもとに、現場への権限委譲が進む組織	顧客接点が現場にある業種 現場で判断しなければならない職種 接客・サービス業
目的実現型組織	自社と個人の目的を実現するために、共鳴しながらスタッフが自主的に関わる組織スタイル	スタッフが創造性を発揮するような業種 NPO 接客・サービス業

上意下達で、部下は私の言うことを聞いてくれて、自分もリーダーらしい仕事をしているという実感もあり、このスタイルに自己満足をしていました。

しかし、残念ながら結果は伴いませんでした。

自分だけが忙しく、指示待ちのスタッフたちの中で、「なんで自分は大変な思いをしているのに、もっと動いてくれないんだ」と部下に不満を持っていました。

しかしそれは、「私が部下をそうさせるマネジメントをしていたから」に過ぎませんでした。それに気づいた私は、トップダウン型組織に見切りをつけ、一気にボトムアップ型組織へと転換すべく舵を切ります。

顧客接点の最前線にいるスタッフから意見を吸い上げ、商品開発や販売戦略に生かし、自分一人で抱えていた仕事をメンバーに割り振り、権限も委譲して私はフォロー役に徹しました。

そして、メンバー一人ひとりの仕事の目的である「なりたい自分」と会社の目標とを繋ぎ合わせ、メンバーの仕事における自己実現のために、なりたい自分シートや定期面談を活用しながら、メンバーをサポートする仕組みを構築しました。こうした「目的実現型組織」が行うような取り組みが功を奏して、日本一のプロジェクトが実現できたと確信しています。

これからの時代の接客・サービス業は、**スピードの速い時代変化に対応するために、最前線の顧客接点で活躍しているスタッフの意見や考えをどう戦略に生かすか**が重要となります。

また、接客・サービスの実践場面においても、どのお客様にも同じサービスを提供する定型型サービスではなく、それぞれのお客様のニーズに合わせて、スタッフ自らがそのお客様のことを考え、そのお客様に適応したサービスを提供する創造力が求められます。

今の組織のスタイルが、これからの時代の接客・サービス業に適したものになっているかどうかを一度見直してみください。そして、もしそうなっていないならば、適したスタイルに転換していくことが重要です。

ホスピタリティチームになるために

自分の組織・マネジメントスタイルを、時代に合ったものに転換する

第4章

部下がグングン成長する「現場教育」のやり方

01 何故、これからの時代は人財育成が重要なのか？

◉接客・サービス業にとって人手不足は重要な問題

「あなたは効果的に部下を教育・育成できていますか？」

サービス業の管理職にこのような質問をすると、たいていは「できていない」という回答が返ってきます。

その理由で一番多いのが、

「目の前の業務に追われて、部下育成に充てる時間が確保できない」

というものです。

今までは、退職者が出ても、求人募集を出せば応募があり補充ができていたのですが、最近では募集をしても応募が無いことは珍しくありません。そのため欠員補充ができず、リーダーもシフトに入らなければオペレーションが回らない現場も増えてきました。

あるホテルでは、「清掃スタッフが集まらないため、ワンフロアを売り止めにしている」。

あるレストランでは、「キッチンスタッフがいないため、夜は予約営業にしている」。

こうした声が、厳しい人手不足の現実をよく表しています。

したがって、サービス・接客業のリーダーのマネジメントにおいて重要なのは、**今いるスタッフを育成することで成長を促し、組織の生産性を上げる**こと。そして、スタッフたちが育成による成長に喜びを感じ、辞めずに長く勤めてもらうことなのです。

◉サービス業における人財育成が重要な3つの理由

ここで、人財育成が今求められている3つの時代背景と理由を紹介します。

①採用難の時代

先ほども述べましたが、少子高齢化により働く側の売り手市場になり、採用募集をかけても人が集まらない時代となっています。また、サービス業は働く側にとって、

「大変そう」

「待遇が悪そう」

といったイメージだけが先行して、この仕事の「やりがい」や「喜び」といった価値があまり理解されていません。それも採用難となっている大きな原因のひとつです。

一方で、働く側にとって自分が働きたいと思う企業であるかどうかの基準が変わってきているのも事実です。以前は「給料が高い」「福利厚生が充実している」といった待遇面の動機が大半を占めていましたが、現代では「自分が成長できる」「社会に貢献できる」「お客様からの口コミや評判が良い」といったことも働きたい会社の基準となっています。それだけに、人財育成が採用力向上という意味でもより重要になっているのです。

②離職の防止

厚生労働省発表の「新規学卒就職者の離職状況」（平成28年3月卒業者の状況）によると、大卒就職者の3年以内離職率が最も高い業種は「宿泊・飲食サービス業（50・4%）」で、その他サービス業も他業種と比べて高い離職率となってしまっています。

本来、**企業にとってベストな人財活用は、将来有望な社員やスタッフが辞めることなく、**

戦力として長く会社に貢献してくれることです。また、安定的に働き続けてくれることで経験とスキルが磨かれ、サービス品質や生産性向上のための基盤づくりにも繋がるのです。

逆に、常に社員が辞め、年中採用活動を行っているような企業は、採用活動費も採用に携わる社員の人件費も、さらには採用した社員が戦力になるまでにかかる人件費も、コストとして重くのしかかってきてしまいます。

③サービス品質や生産性の向上による他社との優位な差別化

繰り返し述べていますが、サービス業における最大の経営資源は「人財」です。人財の成長なくして会社の発展はあり得ません。これからの時代は機械による自動化やＡＩ化が進み、人に替わって機械が効率的な仕事を担うことが予想されます。このような厳しい環境を乗り越えていくためには、「人にしかできないこと」を磨き上げて、付加価値の高い商品やサービスを提供し、差別化を実現していかなければなりません。

◉人財育成の「マイナス・スパイラル」と「プラス・スパイラル」

最近私が見ている中では、どの企業も経営環境は厳しく、人が余っているような企業は

人財育成を「怠る組織」と「重要視する組織」の違い

忙しさを理由に人財育成を怠る組織

職場

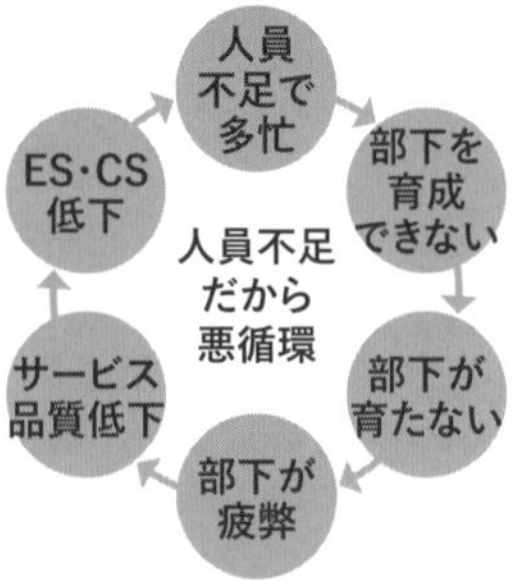

職場は疲弊し続け、リーダーの負担は増え続ける

部下への影響

- 理想と現実のギャップ
- 成長できない
- 組織に貢献できない
- お客様に貢献できない
- 自分が必要とされていないと感じる
- 仕事のやりがいを感じない（ES低下）

➡辞めようかな

お客様への影響

- サービスのバラつきを感じる（当たり外れ）
- スタッフの疲弊感を感じる
- 満足度（CS）が低い

➡もう利用するのはやめよう

忙しくても人財育成を重要視する組織

職場

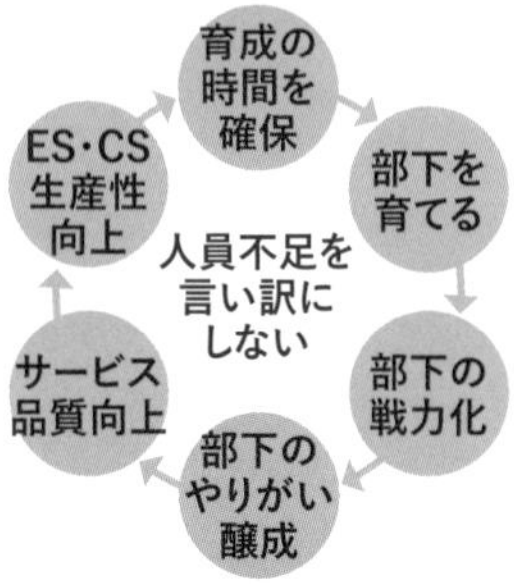

職場が元気になり、部下の成長によりリーダーの負担も減り、自身の仕事のやりがいや喜びに繋がる

部下への影響

- 大切にされている
- 自分が必要とされている
- 成長させてもらえる
- 期待に応えたい
- 組織に貢献したい
- お客様にもっと喜んでもらいたい（ES向上）

➡イキイキ、ワクワクする

お客様への影響

- サービスの品質が安定している
- スタッフがイキイキしている
- 満足度（CS）が高い

➡また利用したい

ほぼありません。しかし、同じ厳しい環境の中でも、**「忙しいことや人がいないことを言い訳にして、新人が入社しても人財育成を疎かにして、退職者を増産し続けている組織」**と、**「厳しい環境の中でも、人員不足を言い訳にせず、新人を育てて早期戦力化を果たし、定着率や生産性の向上に成功している組織」**が存在します。

その大きな違いは、リーダー自身が人財育成をどれだけ重要視しているか、そして部下とその重要性を共有し、組織全体で新人を育てる風土が培われているかどうかです。

「人手不足で忙しくて人財育成ができない」と嘆いていても、何も始まりません。「人がすべて」のサービス業にとっては、忙しい中でも人財育成の優先順位を上げて「人を育てる」ことが、これからの時代の最も重要なマネジメントになります。

ホスピタリティチームになるために
人手不足・採用難の時代だからこそ、人を育てる

02

「忙しくて部下育成できないリーダー」と、「忙しくても部下育成に取り組むリーダー」の差

◉人を育てない限り、ずっと大変な状況が続く

会社からは、「売上目標を達成しろ」「残業を減らせ」「生産性を上げろ」「コンプライアンスを守れ」とリーダーへは要求ばかり。

部下からは、「業務量を減らしてもらえないのに残業は削減できません」「いつになったら増員されるんですか？」「有給はいつ取得できますか？」と要望ばかり。

こうした**板挟みの中で、「人を育てなければいけない」と分かっていても、なかなか手を付けられない**のも無理はありません。

私のクライアントのウェディング施設でこんなことがありました。

その施設は小規模な施設で、ウェディングプランナーが3名で新規セールスから打ち合

わせ、当日のアテンドまでの業務をこなしていました。

しかしあるとき、家庭の事情でウェディングプランナーのうち1名の退職が急きょ決まり、秋のブライダルシーズンをプランナー2名で乗り切らなければならないという状況に陥ってしまったのです。

慌てた支配人は、経験者を求人媒体で急募しましたが反応は悪く、唯一20歳の社会経験がほぼ無い新卒同様の女性が応募してきました。

本来であれば、経験者が良かったのですが、そんなことを言っていられる状況では無いため、即採用となりました。

当然ながら、問題になったのはその新人の教育についてです。

それまで3名で回していたプランナー業務を2名でこなすだけでもやっとの状況下で、新人である彼女を育てる時間的余裕は本来ならばまったくありません。

しかし、「彼女を育てない限りずっと大変な状況が続く」と考えた二人のプランナーは、なんとか彼女を早く一人前にするために、強引に彼女の教育時間をシフトに組み込んだのです。

そんな彼女が入社して1ヵ月経ったあるときのことです。彼女の歓迎会が開かれ、その最後にひと言をもらう場面で、彼女は突然泣きながらこう話したのです。

「ただでさえ3名が2名になって先輩たちは忙しく、夜遅くまで仕事をしているのに、私を教育するために時間を作ってくださり、どんな質問にも嫌な顔ひとつせずに丁寧に教えてくださることが嬉しくて感謝の気持ちでいっぱいです。今はまだ勉強中ですが、早くデビューを果たし、必ず先輩たちに恩返しができるように一生懸命頑張りますので、見捨てずにこれからもよろしくお願いします」

その言葉に、先輩プランナーたちも号泣です。

結局、通常デビューまでに1年かかるプランナー業務を半年で教育し、見事に早期の戦力化に成功しました。

さらに入社2年が経ち、彼女は今や全国のウェディングコンクールで賞を受賞するほどのトッププランナーに成長し、現場の最前線で活躍しています。

◉部下に費やした時間と愛情は無駄にはならない

このように、**上司や先輩が忙しい中でも育成に費やす時間や愛情は、必ず部下の心に届**

きます。そして、部下や後輩はその「恩」を返すべく、早く一人前になって組織に貢献するために一生懸命仕事に取り組むに違いありません。

部下を育成することは、従業員満足度、定着率、サービス品質、顧客満足度、生産性など、すべての面においてプラスに働き、組織にとっても、会社にとっても、あなたにとってもメリットしかありません。

そして、人を育てることは、何よりあなたにとってプレーヤーとは違う、リーダーとしての喜びにも繋がります。

また、**あなたが部下を育てるかどうかで、「未来永劫、目の前の業務に忙殺されて疲弊し続ける自分」でいるか、「現場は部下に任せてひとつ上のステージの仕事ができる自分」になるかが決まる、**と言っても過言ではありません。

ホスピタリティチームになるために

部下を育てることで自分のステージを上げる

03 「場当たり的」な部下育成と「体系化」された部下育成の違い

◉OJTの本来の目的とは?

「あなたの現場では、どのような方法で部下を育成していますか?」

サービス業の現場では、OJT（On the Job Training）で部下育成を行っているケースが多いでしょう。より具体的には、新人が入社すると、同じ部署の先輩社員が指導役として付いて、仕事の進め方や知識・スキルを教えるという方法が多いように感じます（ブラザー・シスター制度が導入されているケースもよくあります）。

これはこれで教育の仕組みとしては成立していますが、現代の忙しい現場においては、**指導役の先輩社員が多忙のあまり十分な教育の機会を確保できずに、場当たり的になってしまっている**のが現状です。

しかし本来のＯＪＴの目的は、仕事を通じて上司が**「計画的」**かつ**「意図的」**に部下の能力を伸長させることにあります。「教えられるときに教えている」では、本来のＯＪＴの目的から外れてしまっているのです。

◉部下を育成するＯＪＴ実践の４つのポイント

ＯＪＴを実践する上で注意するポイントは４つあります。

①指導内容を明確に定義づける

現場の先輩の言われるままに、新人がメモを取りながら業務を覚えていくという場当たり的な手法ではなく、具体的にどんな指導方法で教育していくのか、教育する知識やスキルはどんな内容があるのかなどを「見える化」しておきます。

②指導期間を明確にする

新人の覚え具合や上達度に合わせることを理由に教育期間が定められていなかったり、先輩に教える時間があるときは進むが時間が無いと教育がストップしてしまうといったケースを目にしますが、それではダメです。指導期間を明確に定め、教える側、教えられる側が目標を持って指導に当たることが重要です。

③達成レベルを設ける

「いつまでに、何ができるようになっていればよいのか」が明確になっていないため、指導する側もされる側もゴールが分からず、暗闇で道も明かりもなくさまよっている状態になっていることがあります。ホテルであれば、「3ヵ月後に一人でチェックイン、チェックアウトができるようになっている」といった達成レベルを明確に設けて、そこに向けて教育する仕組みを構築することが必要です。

④意識変容・行動変容を促す

教える側の先輩社員が、「伝えた＝教えた」つもりになっているケースも少なくありません。**部下の「意識変容」と「行動変容」が伴わなければ「教えた」ことにはならない**ことをまず理解させましょう。また、教えた内容を復唱させたり、できるようになったかテストするといった仕組みを通じて、意識と行動の変容を促すことも必要です。

全体的にサービス業における教育の体系化は遅れており、入社した新人からは、よくこんな声が聞こえてきます。

「今日は、何を覚えたらいいんだろう……」

「いつまでに、自分がどうならなければいけないんだろう……」

「何ができるようになったら認められるんだろう……」

十分に教育されないまま、「できない社員」呼ばわりをされて早期退職に追い込まれた新人を私はたくさん見てきました。

新人を育てることは早期戦力アップに繋がり、それにより組織全体に余裕が生まれることで全スタッフの笑顔が増え、お客様の笑顔にも繋がります。この項で紹介した4つのポイントを踏まえて、忙しい中でも教育の仕組みを構築するようにしましょう。

ホスピタリティチームになるために

忙しい中でも、教育の「仕組み」を構築する

04

部下はあなたの期待を理解していますか？

◉期待に応えてくれないのは、期待を「伝えていない」から

「あなたの部下は、あなたの期待をどこまで理解していますか？」

ある住宅メーカーのスタッフに、現状の仕事についてヒアリングをしたときのことです。

「あなたが上司から期待されていることはどんなことですか？」

そのように10名に質問したところ、一人も明確に回答することができませんでした。

また、ある飲食店ではこんなこともありました。

店長から、配属5年目の女性スタッフに関して、次のような相談を受けました。

「彼女は、配属して5年にもなるのに、後輩のことを全然教育しようとしないんですよ、

なんとかしてください」

私が店長に、「それって彼女に伝えました？」と聞くと、その店長は、「配属して5年にもなれば、言われなくても後輩のことを教えるのは当然じゃないですか、言うまでもありませんよ」とのこと。

そこで私が彼女に、「店長は、あなたには後輩の教育をもっとやってほしいみたいだよ」と伝えたところ、彼女は驚いてこう言いました。

「えっ、そうなんですか？　私が後輩の教育なんておこがましいと思っていたので。お客様への接客をしっかりすることに集中していました」

このように、上司は部下に対する期待があっても、当の部下はほとんどの場合、その期待を理解していないのが現実です。

上司の期待を部下が理解していないのであれば、「部下が期待に応えてくれない」のも、「上司の思うように動いてくれない」のも無理はありません。

そして**その原因は、上司が部下に期待をきちんと伝えていないことがほとんど**なのです。

それなのに、理解していない部下が悪い、間違って解釈をしている部下が悪いなどと部下を悪者にして「低い評価をつける」ということがよく行われてしまっています。

こんな指摘を私がすると、人事評価制度のある企業のリーダーから、「うちは評価制度があり、目標設定や面談を定期的に実施しているので、部下は自分の期待は分かっているはずです」と言われることがあります。ただ、目標設定や面談をしていると言っても、「その時期が来たからやらなければ」「人事・総務からやれと言われたら」というレベルに留まっており、実際にはリーダーの期待を部下は分かっていないことが大半です。

それでは、どのようにすれば部下はあなたの期待を理解し、あなたの期待に応えてくれるようになるのでしょうか?

◉部下に対する正しい「期待の伝え方」

人事評価の面談では、本人の設定した目標に対してのフィードバック止まりで、「あなたが何を期待しているかを部下に明確に伝えていますか?」と問われると、心もとないリーダーが大半ではないでしょうか。

したがって、まず大切なのは、**場を設けて部下一人ひとりに、「上司として期待するこ**

とを情熱を込めて伝える」ことです。もちろん、その期待には会社への貢献もありますが、その部下自身の成長に繋がっていることも部下のやる気を引き出す上では重要です。

そして、その期待を部下に押し付けるのではなく、それを受けて「部下がどう思ったか」を聞きます。

すると、「私には荷が重すぎる」「その期待に応える自信がない」「頑張ります！」などいろいろな反応が返ってくるでしょう。まずはそうした部下の想いを受け止めた上で、最終的には上司の期待と部下の意向を擦り合わせて、合意することが大切です。

上司の期待を部下が正確に理解し、それに伴う行動が有るか無いかは、組織や部下の成長、最終的には業績にも大きな影響を及ぼします。

ぜひ自分の期待を部下に伝えるようにしてください。

ホスピタリティチームになるために

「上司の期待」と「部下の意向」をよく擦り合わせる

05

部下が「やりたい」と感じる目標と部下が「負担」と感じる目標の違い

◉「目標設定のあり方」が、部下の成長を大きく左右する

「今の自分よりも、もっと成長したい人は手を挙げてください！」

私が研修の中でよくする質問です。

そうすると、老若男女を問わずほぼ100％の人の手が挙がります。

それだけ、人は「成長したい」という欲求を持っています。

にもかかわらず、リーダーが思っているように部下が成長しないのはなぜでしょうか？

部下の成長を促す上で「目標設定」は重要な要素となりますが、部下の成長を妨げるのは、その「目標設定のあり方」にあります。

企業における目標設定は売上等の目標を設定して、それを管理するのが一般的です。しかし、そのような目標設定は「部下が目指したい目標であるか?」という観点では、そうではない場合が多いもの。会社から「目標設定をしなさい」と言われたから設定しているだけで、「やりたい」ではなく「負担」に感じる目標設定になっているのが現状です。

自らが**「やるぞ!」という意気込みを持って設定した目標と、「負担だけど仕方なくやる」という目標とでは、達成の可能性が大きく変わります。**

そこで、私は、会社の評価制度の目標設定とは別に、「なりたい自分」という目標設定を推奨しています。

これにより、部下自身が「将来どういう人間になりたいか」ということを主体的に考える機会ができ、「やらされ感」ではなく「やりたい感」が芽生えます。

また、リーダーも部下の将来のなりたい姿を知ることで、その部下の仕事の目的を理解でき、部下のなりたい将来と今の業務を結び付けてマネジメントすることで、部下の主体性を引き出すこともできるのです。

◉「なりたい自分」の設定方法

「なりたい自分」を設定する際のポイントは、数字などの定量的な目標ではなく、「お客様や仲間への貢献」といったホスピタリティ軸の定性的な目標を設定することです。

なぜかと言えば、**接客・サービス業で働く人は、基本的に自分自身のためよりも、「お客様のため」「仲間のため」「世の中のため」といった「誰かのため」にこそやる気が湧き、頑張れる**からにほかなりません。

このような本来の仕事の目的に沿った定性的な目標設定があってこそ、初めてその喜びや貢献の量を示す売上や利益等の実利が伴う数値的な目標に結び付くこととなり、またこのことが単なる「負担でしかない目標」から「やりたい目標」への変換に繋がります。

具体的な設定方法としては、左図のような「なりたい自分・セルフホスピタリティシート」を作成します。そのステップは次の通りです。

● STEP I　なりたい自分の設定：この仕事を通じて、将来なりたい自分を設定。

なりたい自分・セルフホスピタリティシート事例（ホテルマン編）

StepⅠ. なりたい自分

【将来のなりたい自分】

世界中のお客様から、
あなたに出会えて良かった、
あなたに会いに来たと
言っていただける
ホテリエになる。

StepⅡ. なりたい自分の価値

【自分の価値】

・お客様に今よりも喜んでいただける。
・自信を持って仕事ができるようになる。
・仕事にやりがいを感じられる。

StepⅢ. 周りへの変化

【周り（職場）への影響】

・頼ってもらえる。
・任せてもらえる。
・職場に喜びと笑顔が増える。

StepⅣ. 社会への変化

【お客様・社会への影響】

・社会が笑顔に溢れ明るくなる。
・日本に訪れる外国人が増える。
・お客様のより良い思い出が増える。

このシートのPDFデータは、読者限定でダウンロード可能です（詳細は290ページにて）

●STEPⅡ　なりたい自分の価値：なりたい自分になれたときに、今の自分と何が変わるのか、どういうメリットがあるのかを記入。

●STEPⅢ　周りへの変化：なりたい自分になれたときに、周り（職場）への影響、どんな変化がもたらされるかを記入。

●STEPⅣ　社会への変化：なりたい自分になれたとき、社会や世の中にどのような変化が生まれるかを記入。

実際に研修などで「なりたい自分」を設定してもらうと、

あるバスガイドは、

「また一緒に旅をしたいと思ってもらえるバスガイドになる」

あるリラクゼーションサロンのセラピストは、

「お客様の明日の元気の源となるセラピストになる」

といった、**「心からやりたい目標」**が引き出されました。

これらの目標が有るか無いかで、勤務時間を「ただなんとなく過ごす」か、「お客様の元気の源になるために過ごす」かの違いが生まれ、成長においても仕事の質においても

「差」がつくのは明らかです。

このように、会社から与えられた目標ではなく、自らの「なりたい自分」を設定し、目指すことで、スタッフの内発的な真の力が引き出されます。

このシートをもとに、具体的なアクションの策定と、定期的なフィードバックや面談を繰り返すことで、**リーダーのマネジメントが、単なる会社の業績向上のためではなく、「なりたい自分をサポートするためにやってくれている」と部下は捉えられるようになります。**そしてそれが部下のモチベーションや組織へのロイヤリティに繋がり、結果的には業績向上にも大きく貢献するのです。

ホスピタリティチームになるために

部下が「心からやりたい目標」を設定する

06

部下を成長させたいのであればリーダーは「指示」ではなく「問い」を大切にする

◉部下の主体性が育まれない理由

サービス業のリーダーにおけるマネジメントの課題で必ず挙がるのが、

「部下に主体性がない」

「指示待ちで言われたことしかやらない」

といった、部下の自発性に関わる課題です。

しかしこれらの課題は、**「部下が主体性を持たない」のではなく、「リーダーが主体性を持たせないようにしている」**ケースが圧倒的に多いのです。

かくいう私も、前職のホテルマン時代は、

「どうしたら部下が、自分からもっと主体的に行動してくれるのだろうか？」

ということに悩んでいました。

しかし、そのときの自分は、「部下に考えさせる」というよりも、圧倒的に「指示型」のマネジメントをしており、ときどき部下に意見を聞いたとしても、最終的には自分の思い通りになるように、部下の意見を否定していました。

このようなマネジメントをしていては、いくら部下の主体性を求めても、当の部下たちは「自分たちがいくら考えても、どうせ支配人の思うようにしかならないんだから考えても無駄」という思考になってしまいます。

リーダー側からしてみると、確かに人員も少なくスピード感が求められる現場マネジメントにおいて、いちいち部下に考えさせるより、経験値の高いリーダー自らが判断して指示を出したほうが、スピードも速く、間違いがないことも事実です。

しかも、部下の考えたことはリーダーのあなたにとって物足りないことも多く、どうしても否定から入ってしまう気持ちも分かります。

しかし、その思考を変えない以上、あなたが嘆き、求めている「部下の主体性」を手に入れることはできません。そして、いつまでもリーダー自らが考えて、指示を与えることに忙殺され、今のステージのままで、そこから抜け出すこともできません。

それでは、どのようにすれば部下の主体性は育まれるのでしょうか？

◉部下に主体性を持たせるカギは「問い」にある

その解決策は、実はシンプルです。それは、あなたが「指示」ではなく「問い」をマネジメントの中心に置くことにほかなりません。

具体的には、部下の主体性を育む魔法の「問い」があります。

それは、**「あなたはどうすればいいと思う？」**という問いかけです。

この問いかけをすることで、部下の思考が、課題に対する解決策を自分で考える思考に変わります。私は、この「問い」に出合ってからマネジメントが激変しました。

婚礼支配人時代にある部下から、

「支配人、新郎新婦様が愛犬と一緒に披露宴をしたいとおっしゃっていますが、どうすればいいですか？」

と質問されました。当然、ホテル館内には盲導犬以外は愛犬といえども入館することは不可能であり、それまでは私が解決策を授けていました。しかし、「〇〇さんは、どうす

ればいいいと思う?」という問いに出合ってからは、

「支配人、新郎新婦様と愛犬で、ホテルの外観をバックに駐車場で写真だけ撮影していいですか?」

という具合に、解決策を部下が自分で考えてから相談してくるようになったのです。

このように、**「問い」を中心としたマネジメントをすることで、部下は言われたことをやるのではなく、自分が出した答えに沿った主体的な行動をとるようになり責任感も増します。リーダーの側も部下の持ってきた答えに対してジャッジをすればよくなる**のです。

そして、その部下の答えと自分の答えが合致すれば任せられる、という判断基準にもなります。最初は面倒かもしれませんが、これが定着して組織風土になることで、主体性だけでなく、権限委譲や組織力アップにも大きく貢献することになります。

ホスピタリティチームになるために

部下からの相談には「どうすればいいいと思う?」と返す

07

日々の業務を「学び」と「成長」の機会に変える

◉教育時間を確保するために何が必要か？

「教育が大切なのはよく分かるのですが、時間も無い中で、研修やトレーニングをどうやったらできるようになるのですか？」

こうした質問をリーダーからよくいただきます。

部下の成長を促すためにいかに教育の時間を作るかは、「人がすべて」の接客・サービス業にとっては重要なマネジメント課題のひとつです。

現場の人員不足を理由に、目の前の業務に追われてそのための時間を捻出できなければ、メンバーも組織も、良くて現状維持、普通に考えれば衰退するのは目に見えています。

それでは、どのようにすれば教育の機会を作ることができるのでしょうか？

それは、**「日々の業務を学びの機会、成長の機会に変える」**ということです。

教育の機会というと、業務とは別に時間を確保して研修やトレーニングを実施することをイメージするリーダーが多いのですが、実は、日々の業務自体を教育の機会とすることはいくらでもできるのです。

しかし、現状のリーダーたちを見ていると、「教育はインプット」、「業務はアウトプット」といった別の事象で捉えているケースが多く、日々の業務をリーダーとメンバーが「教育の機会」「成長の機会」として捉えていないのが現実です。

では、日々の業務を教育の機会に変えるためには、どのようなことをすればよいのでしょうか？

◉教育の時間を別で作らなくても、教育の機会はいくらでも作れる

人が成長するプロセスは、実はとてもシンプルです。

①目標を立てる

②目標を達成するためのアクションを考え、実行する

③実行したことに対して振り返り、内省をする
④反省点を生かして再度、または新しいことに取り組む
この繰り返しを積み重ねることによって人は成長します。

あのイチローも、「小さいことを積み重ねるのが、とんでもないところへ行く、ただひとつの道」という言葉を残しているように、**日々の中で少しずつでも成長を実感できる仕組みを作る**ことはとても重要です。

ある飲食店では、朝礼で、その日出勤しているメンバーが「今日の目標」をみんなの前で発表します。そして、終礼時に「本日の振り返り」を発表するということを毎日繰り返しながら、メンバーの成長を促しています。

また、ある温浴施設では、顧客アンケート結果から、顧客満足度が低いことが課題に挙がりました。そこで、社員、パート、アルバイトを問わず、まず出勤したら「今日のやる気シート」に、今日の目標と意気込みを記入。それに加えて、全員が徹底する3つの行動、「元気な挨拶」「溢れる笑顔」「お客様へのプラスアルファのサービス」のチェック項

目を、終業時に各自が振り返りながら記入。さらに、それに対する上司からのフィードバックを毎日実施したところ、社員はもちろん、学生アルバイトまでも、自分の成長に対して意識が向上し、アンケート結果の評価も大きく向上しました。

このように、教育の時間を別で作らなくても、日々の業務の中で「教育の機会はいくらでも作れる」のです。大切なのは、**リーダーが「売上を稼ぐため」ではなく、「部下の成長欲求を満たす」という思考でマネジメントする**こと。そして、部下自身の成長が「お客様のさらなる喜びやしあわせ」に繋がっているというホスピタリティ軸の取り組みとして、組織に浸透させることも重要です。

「時間が無いから教育できない」は、厳しく言えば思考停止です。普段の業務の中でいかに教育的な要素を組み込むかによって、部下の成長は大きく変わります。

ホスピタリティチームになるために

普段の業務の中に教育的な要素を組み込む

08

部下の目が「輝き続ける」マネジメントと「曇ったまま」のマネジメントの違い

◉部下の目を輝かせ続けるために大切なこと

社会人としてのこれからの夢や希望を胸に抱き、目をキラキラさせて入社してくる新入社員は、見ているだけで気持ちがいいものです。

しかし、その新入社員も入社して半年も経過すると、入社時の元気さやキラキラした目の輝きがどこか曇って見えるようになることがあります。

夢と現実の違いを目の当たりにすることや、社会人としての厳しさを経験するにつれ、そうなることは当然のことだとも思います。

しかし、私の知っている企業の中には、入社から何年経過しても社員の目が輝き続けている企業があることも事実です。

何が違うのでしょうか？　それはやはり上司のマネジメントの違いに原因があります。

一般的には、入社をして総務でひと通りの入社の手続きを終えると、すぐに現場に配属になり、先輩社員に付いてＯＪＴが始まるといった流れが多いでしょう。

スタッフの目を輝かせ続けられるリーダーもその流れは同じです。ただし、そうしたリーダーは配属初日に必ず実践していることがあります。

それは、**職場のルールや実務を教える前に、**

「この仕事の意味・意義を伝える」

ということです。

仕事の意味・意義とは、「この仕事の素晴らしさ」「この仕事の喜び」「この仕事のやりがい」「この仕事が社会のどのような役に立っているのか」を意味し、そのことを社員、パート、アルバイトを問わず、「愛」と「情熱」を込めて語っているのです。

この話をあるホテルの管理職研修でしたときに、レストランのシェフがこう言いました。

「自分にとって仕事の意味は、給料を稼ぐことだから、部下に伝えられるような、そんな立派なことなんてありません」

私はそのシェフに、

「それでは、シェフはこの料理を通じてお客様にどんな貢献をしたいのですか？」

と質問をしました。すると、少し考えた後に、

「自分の料理を通じて、レストランに来たお客様を笑顔にしたい」

と答えたので、私はこうアドバイスしました。

「人を笑顔にする料理を提供するために、私たちはこの仕事をしているということを部下に伝えたらいかがですか？」

◉リーダーの言葉によって組織は激変する

このシェフのように、もしかすると自分の仕事の意味・意義は語るに足らないと思われるリーダーもいるかもしれませんが、**リーダーであるあなたが、自分の仕事に自信と誇りを持たない限り、部下に自信と誇りを持たせることはできない**と認識してください。

そして、この世の中に必要の無い仕事なんてありません。必ず世の中のためになっているからこそ仕事として存在しているのです。

株式会社JR東日本テクノハートTESSEIという会社は新幹線の清掃をする会社ですが、スタッフたちは清掃という仕事に対してネガティブな感情を持ち、やらされ感で仕事をしていました。しかしあるリーダーが赴任し、彼の言葉で一変します。

「我々の仕事は清掃業ではなく、新幹線劇場のキャストであり、お客様に温かな思い出をお持ち帰りいただくのが仕事である」

これをきっかけに職場は変わり、今では自分たちの仕事に自信と誇りを持ち、海外メディアから取材されるほどになっています。

このようにリーダーの言葉によって、部下は、

「自分は素晴らしい仕事に就いた！」

「自分の仕事に誇りを持った上司の下で働けるなんてしあわせだ！」

「このような職場でお客様に喜んでいただけるために、早く貢献できるようになりたい！」

と感じ、大きなモチベーションに繋がるのです。当然、その目も輝きます。

一方、それとは逆に「目が曇る部下」の上司は、仕事への想いや喜びなどよりも、成果や結果ばかりを求め、酷いリーダーになると会社の悪口まで部下の前で言う始末です。

このようなリーダーの下では新人だけでなく、組織全体が疲弊していくのは目に見えて

います。

ちなみに私自身は、自社に**新人が入社した際には、必ずその新人と1ヵ月交換日記**を行います。そうすると、新人が日々どんな想いで働いているか、何に不安を感じて悩んでいるかを知ることができるとともに、私からはこの仕事の意義ややりがいを1ヵ月にわたり、その日に起きた事象に合わせて伝えることができるのです。

また、「新人のあなたが成長することは、お客様の喜びや笑顔に繋がるから頑張って成長していこう！」といったメッセージを情熱を込めて伝えることで、新人のやる気に繋がっていることも実感しています。

ホスピタリティチームになるために

実務を教える前に、この仕事の素晴らしさを伝える

これからの時代は、人財難、少数精鋭が余儀なくされる時代です。いかにそこで働く一人ひとりが自分の仕事にやりがいと誇りを持ち、目を輝かせてイキイキと主体性を持って仕事ができるかが、離職率はもちろん、生産性、業績にも大きな影響を及ぼします。

この仕事の「意味・意義」を導き出す4つの問い

Q. この仕事の必要性や重要性は何か？

Q. この仕事の喜びや楽しさは何か？

Q. この仕事にどのようなやりがい（貢献・評価・達成感）があるか？

Q. あなたが部下に伝えるべき、この仕事の意味・意義は何か？

このシートのPDFデータは、読者限定でダウンロード可能です（詳細は290ページにて）

第5章

必ず「目標達成」するチームになるために

01

「目的」を追いかけている組織と「目標」を追いかけている組織の違い

◉組織にとっての「目的」と「目標」の違い

会社から与えられた目標をクリアしなければならないことは、組織を守る上でも、会社を存続させる上でも大切なリーダーとしてのミッションです。

しかし、そこに終始してしまうと、メンバーは目の前の数字しか見なくなり、結果の出にくい現代においては、そのことに一喜一憂しながら疲弊していきます。

そこで大切なのは「目的の設定と共有と浸透」です。

目的とは、その企業、その組織がどこを目指しているるか、言い換えればその企業・組織の「存在意義」を表しています。

企業で言えば、経営理念やミッションがそれに当たりますが、経営理念は抽象的な表現が多く、一般のスタッフの行動にまで落とし込まれていないのが実状です。

「目的」と「目標」の違い

目的	目標
経営理念・ミッション	売上目標・コスト削減目標
実現するもの	達成するもの
追い続ける・終わりが無い	期限がある・基準がある
共感性がある	実効性がある
抽象的	具体的

つまり、**現場に必要なのは、スタッフの意識・行動変容に繋がる経営理念のブレイクダウン**であり、私が見てきた中でもそれができている組織は非常に少ない印象があります。

したがって、リーダーはメンバーへの「目の前の数字を追いかけるための動機付け」だけでなく、組織の目的を具体的に示し、「目的を果たすための動機付け」が必要です。

それでは、組織の「目的」設定とは具体的にはどのようなものなのでしょうか？

先日、あるレストランの支配人から、「最近、レストランウェディングの口コミ評価が下がっており、サービス品質を向上させたい」という依頼をいただきました。

そこでウェディングのサービス品質を現場でチェックしたところ、スタッフたちはやらされ感満載で、「ただ料理を運ぶだけの運び屋」になってしまっており、お客様に喜んでいただこうという姿勢がまったく見られませんでした。

後日、調査結果をフィードバックしながら、スタッフたちに、

「この会社がレストラン事業をする目的は何だと思いますか？」

と質問すると、誰も答えられません。その目的が経営理念に書いてあることを伝えても、ピンときていない様子でした。

そこで、**「企業の目的である経営理念から考えると、私たちはどういうサービスを具体的に目指すべきだと思いますか？」**と問うと、みんなで議論が始まりました。

「アットホームなサービス」

「気取らないサービス」

「東京を代表するようなサービス」

など様々なアイデアが出て、最終的にまとまったのは、

「また戻って来たくなる、お客様を笑顔にするサービス」

でした。その理由は、「新郎新婦様だけでなく、結婚式に列席されたゲスト全員に、今度はレストランに食事に来たいと思ってもらいたい！」から。「サービス中の笑顔が少ない」という評価に対して、「自分たちの笑顔でお客様を笑顔にしたい！」という想いがそこには込められました。

◉経営理念を「現場の言葉」に変換するときの4つのポイント

企業の目的が明文化されている経営理念を現場の言葉に変換するためには、次の4つのポイントがあります。

①会社全体ではなく、現場（組織）用の言葉になっていること
②正社員からアルバイトまで理解できること
③できているか、できていないかが判断できること
④みんながワクワクでき、チャレンジングであること

今回の「目的」設定ではそれらを満たしており、向かう方向が明確です。

そして、言葉自体は単純ですが、社員からアルバイトまで個々にやるべきことが明確で、イメージできます。

それまでは、会社から与えられた数値目標である料理・飲料の原価率を守ること、人件費を守ることだけをめざして業務をしてきました。

しかし、目的を明確にしてからはスタッフの意識と行動が一変し、みんなで「また帰ってきたい」「私たちの笑顔でお客様を笑顔にする」という「目的に向かって」組織全体に化学変化が起こり始めました。

その後、3回目の調査でウェディング当日にうかがった際、パーティーがお開きになっ

たときのことです。一人の年配女性ゲストが、私のところに寄ってきて、

「私のテーブルを担当してくださった○○さんを呼んでいただけますか？」

と言われました。

そして、そのスタッフを呼んだところ、

「今回、あなたにこのテーブルを担当していただけて本当に楽しい時間を過ごせました、一緒に写真を撮っていただけますか？」

以前では考えられない光景であり、しかもそのスタッフは学生アルバイトスタッフです。

このように、**「目標ではなく、目的を目指す」こと、しかも「現場の言葉」で目的を設定することで生まれる意識・行動変容は、スタッフにとっても、お客様にとっても大きな意味を持ちます。**

これから成熟社会がより深化していく中で、働く側の目的意識の醸成はマネジメントの重要な位置づけであるべきだと実感した出来事でもありました。

ホスピタリティチームになるために

「現場の言葉」で目的を設定する

02

目標「達成」は、目標「設定」で8割決まる

◉目標設定をする上で最も重要なこと

私が企業にうかがった際にリーダーから必ず挙がるのが、**「目標達成に対するメンバーの意識の低さ」という課題**です。

話を聞くと、「数字の意識が低い」「達成しても達成しなくても給料が変わらないのでやらない」「やらされ感になっている」など、各スタッフが目をキラキラさせて目標達成に邁進する姿とはほど遠いのが現実のようです。

そこで、「目標設定のプロセスを教えてください」と聞くと、「目標は年度末に、前年の数字を見ながらプラスアルファの数字を乗っけてリーダー自身が決めている。そして、それを達成するための行動計画を会社に提出している」といった回答が大半です。

こうした目標設定のプロセスで、果たしてメンバー全員が目標達成のために情熱を持っ

て取り組むでしょうか？

恐らく仕事である以上、稼がないと給料がもらえないというスタンスで、義務感で目標を追いかけることはあっても、メンバーが心から達成したいと思うことはないでしょう。

このような「やらされ感」の目標になってしまうのは、目標設定にある重要な要素が欠落しているからです。

それは**「その目標に想いがないこと」**です。

その想いとは何でしょうか？　それは、「この組織にこの1年でこうなってほしい」という願いであり、メンバー全員が目指したいと思う「組織のあるべき姿」です。

◉メンバーの想いをカタチにした目標設定

私が組織力向上のサポートをする際、まず最初に取り組むのは、この「なりたい組織」という目標設定です。

組織の大きさにもよりますが、できるだけ組織の全メンバーを集めて、「組織の課題」「自分たちのなりたい姿」「この組織に足りないもの」などを抽出・共有する会議を開催します。

ある地方のレストランで、この会議を開催して挙がったのが、「スタッフが店を愛する気持ちが無い」「地元の信頼が薄い」「お客様へのおもてなしが足りない」という課題でした。

そもそも**「スタッフが自店を愛せていない」という課題がある時点で、どんなによくできた数値目標があっても、スタッフがそれを心から達成しようというモチベーションで取り組むはずがありません。**

そこで、メンバー同士で議論しながら「なりたい組織」の姿を明文化しました。このレストランでは、最終的に次のような目標設定をしました。

「スタッフ全員が何よりお店を愛し、地域や地元の方に信頼され、心が喜ぶおもてなしで、『やっぱりここが一番だね』と言われる店になる」

このように、組織の課題をメンバー全員で共有し、この組織の未来の姿に向けた言葉にすることで、それを解決することが全メンバーの望む共通テーマとなり、目標達成に向けた主体的なメンバーの行動が引き出されます。

そして、これらの課題を解決して「なりたい組織の姿」になることが、結果的に売上などの目標数字を達成することにも繋がるのです。

実際、このレストランではこの年、高い売上目標を見事達成しました。

私はこのケースだけでなく、メンバーの想いをカタチにした目標設定をすることで、スタッフがイキイキとそれに取り組むようになり、目標達成を実現する組織をこれまでもたくさん見てきました。

売上目標のような定量的な目標設定だけではなく、「**メンバーの想いをカタチにした定性的な目標がまずあり、その定性的目標を達成するために数値目標がある**」という考え方に基づいて目標設定すること。それこそが、メンバーの主体的な実行力を引き出し、目標達成の可能性を最大化することに繋がるのです。

ホスピタリティチームになるために

メンバーの想いを紡いだ「なりたい組織」という目標を作る

03 目標達成のカギを握る効果的な「役割分担」と「権限委譲」

◉嚙み合わない組織の特徴

目標達成に向けて、いかにメンバーの力を最大限引き出し、組織を束ねるかが、リーダーのマネジメントにおける醍醐味のひとつです。

しかし、私が見てきた中では、目標達成に向けて組織全体が嚙み合っていないケースが少なくありません。そのような組織の共通点は、**「役割分担」と「権限委譲」がうまく機能していない**という点にあります。

そういう私も前職の婚礼支配人時代には、部下に任せられずに、自分一人で仕事を抱え込み、効果的な組織運営がまったくできていませんでした。

そのときに、自分が忙しいだけで「メンバーを全然生かせていない」自分に気づき、各スタッフの「役割」について見直しを図りました。

組織の中の役割分担というと、支配人という役割、マネージャーという役割といった役職によるものをイメージします。

しかし、そうした役割分担だと一般スタッフには実務以外の役割が無く、**役職者以外は組織運営において他人事になりがち**です。

◉役職やキャリアに関係なく、必ず一人ひとつは役割を持つ

そこで私は、役職やキャリアに関係なく、組織の中で必ず一人ひとつは役割を持つように本人と相談して決めていきました。しかも、その役割とは、実務とは別に、現状の組織運営において課題となっていることや困っていることを解決するためのものでした。

例えば、リーダーである私が多忙を極めていたため、メンバーの相談に乗る機会が少ないという課題がありました。そこであるベテラン女性スタッフに「相談係」という役割を担ってもらい、新人や他メンバーの仕事に関する悩みや相談の窓口となってもらいました。

また、組織内のコミュニケーションの希薄さも課題だったため、ある新人スタッフには、「コミュニケーション係」という役割を担ってもらい、組織内のコミュニケーションを活性化するための取り組みをしてもらいました。具体的には、コミュニケーションが偏らないように席替えを定期的に計画したり、みんなの顔が常に見渡せるようにデスクにA4サイズ以上の高さのものは立てかけないというルールを設定したりと、様々なアイデアを彼女が考え実行してくれました。

私は各メンバーが考えたアイデアやアクションが実行できるように権限を委譲し、自分はサポートをすることに徹しました。

◉役割分担と権限委譲の効果

すると、これらのことを実行するうちにメンバーの顔つきが変わり、自分が組織で果たす役割を認識して責任感も芽生え、みるみるたくましくなっていったのです。

それに加えて、それぞれの役割の責任を担うことへの大変さや理解が深まり、ほかのメンバーに対して協力する姿勢が見られるようになり、組織の一体感も高まりました。

このように、**「役割」や「権限委譲」によってメンバー一人ひとりの力を引き出すこと**

は、リーダーが組織の課題を一人で悶々としながら考えて実行するより、何十倍、何百倍もの効果をもたらします。

スポーツ界でも、ラグビー日本代表チームは、試合に出るレギュラー選手だけでなく、控えのベンチメンバーもそれぞれが自分の役割を理解し、お互いの存在を認め合い、まさにONE TEAMとなり、ワールドカップでベスト8入りという偉業を成し遂げました。

リーダーは**「この組織に要らないメンバーは一人もいない」**という視点に立ち、そこで働くメンバー同士がお互いを尊重して認め合える組織にすることが肝心です。そして組織に貢献する自分自身の役割を一人ひとりが果たす組織こそが、結果を残すことのできる組織なのです。

これからの時代は、組織で働く一人ひとりが「業務をこなす」のではなく「役割を担う」組織運営が、目標を達成する上での大きなカギを握ります。

ホスピタリティチームになるために

「業務」ではなく「役割」を与える

04 目標達成までのプロセスを楽しむ仕組みを作る

◉「イベント化」することで、メンバーの目標達成意欲が高まった

目標達成までの道のりは決して楽ではありません。

しかも、高度成長期のようにモノを作れば売れた時代とは違い、少子高齢化や競争激化等の影響を受け、苦戦している企業や組織が多いことも事実です。

私もコンサルタントである以上、組織の数値目標達成をミッションとしてサポートするケースも多いのですが、その際に私が心掛けていることは、

「苦しいことに楽しくチャレンジする」

ということです。特に接客・サービス業は、メンバーの目標達成への意欲によって「おかわりのドリンクをおすすめするかどうか」「お客様に精一杯のサービスをしてリピータ

ーになってもらえるかどうか」が決まり、さらには結果も大きく変わってくるからです。

前職の婚礼支配人時代、近隣に大手全国チェーンの結婚式場が進出してきました。当然ながら競合となり、結婚式を検討しているカップルが来館されても、競合の新しい施設にはかなわず、まったく受注に至りませんでした。

その中で接客するスタッフたちはやる気や自信を失っていきました。

なんとかしなければならないと思った私は、開き直って、

「これだけご成約いただけないのであれば、成約いただいたときにみんなでお祝いしよう！」と決めたのです。

そして、当時の目標であった「500組」という数字を、はがきサイズの紙に1〜500まですべて書き、それをオフィスに掲示。そして、**1組ご成約いただけたごとに、担当スタッフがその数字の紙を日めくりカレンダーのように「めくる」**ということをイベント化して、終礼時に貴重な成約をみんなで祝福して讃え合うという取り組みをしたのです。

そうしたところ、メンバーの目標達成への意欲が高まりました。

その後も、「クリスマスまでの目標組数を決めて、何も飾られていないクリスマスツリーの絵に、1組ご成約いただけたら、100円ショップで購入したサンタやプレゼントの装飾シールを貼っていきながらクリスマスツリーを完成させる」、「ブライダルフェアのときに1組ご成約いただけたら、選挙の当選時のようにティッシュペーパーで手作りした花輪を貼っていく」など、目標達成までのプロセスを楽しみながらスタッフが取り組める仕掛けを工夫しました。

これらの**楽しくチャレンジする取り組みが、スタッフの数字への意識の向上と目標達成への意欲に繋がり、日本一の結果が出せた**大きな要因のひとつになりました。

◉接客・サービス業に就くスタッフは数値目標には興味がない

このような取り組みはコンサルタントになってからも行っています。

あるホテルでは「月間の目標販売室数をオフィスに貼り出し、カウントダウン形式で4桁の数字を減らしていく」、ある飲食店では「シェフ特選コースを販売したら、すごろく形式で、ゴールに向かってシールを貼り進んでいく」といった取り組みをしたこともありました。

基本的に、**接客・サービス業で働くスタッフは、お客様の「笑顔」や「喜び」に興味があり、数字にはあまり興味がない**という傾向があります。

しかし、このように目標や数字に対して楽しくチャレンジする仕組みを作ると、数字や目標達成に対する意識や意欲が高まります。

ただし、これらは営業ノルマのある職場でよく見られる「某グラフで売れる人を讃え、売れない人を否定する」ようなものではなく、目標に届かないことを批判するものでもありません。

あくまでも、スタッフの頑張りを讃えるためのものであり、「目標達成に向けて組織の一体感や達成感に繋げていく」という視点で取り組むことが成果を導くカギです。

ホスピタリティチームになるために

数値目標に対して楽しくチャレンジできる工夫をする

05

他社と圧倒的な差をつける独自性・差別化戦略

◉これからの時代の差別化・独自性戦略

リーダーは部下のマネジメントだけでなく、組織全体の戦略も考えなければなりません。

その中で、よく相談いただくのは「差別化」についてです。

昨今は、モノやサービスが溢れており、品質も似通っていることから、「他社と自社との明確な違い」を見出すのが難しくなってきました。

これをコモディティ化と言いますが、お客様は、他社との違いが分からなければ、単に価格が安いほうを選択します。実際、競合他社との価格競争となり、利益を削って消耗戦を繰り広げている中小企業を私はたくさん見てきました。

これまでは良いモノを作れば売れ、笑顔で明るい接客をすればお客様は価値を感じて購入してくれました。

しかし、これからは違います。**他社との差別化を図るために、自社の考え方や価値観に沿って「こだわり」を具体的な「サービス」に変え、そのスタイルに共感・共鳴していただけるサービス設計が必要**です。

そして、その自社のこだわりや価値を創造する上で、基となる考え方や価値観が経営理念やミッションなのです。

以前、「自ホテルの強みを見い出せずに、競合他社と価格競争に陥っている」という課題を持ったホテルがありました。

スタッフにヒアリングをした際に、

「このホテルの強みは何ですか？」

と私が質問したところ、ほとんどが「駅に近い立地」「交通の便が良い」という回答で、自分たちの接客・サービスに自信が持てていませんでした。

それに加えて、このホテルには経営理念や行動指針が無く、スタッフの向いている方向がバラバラという課題も浮き彫りになりました。

そこで、まずはこのホテルの存在意義や提供する価値を明文化した経営理念を策定することを決め、半年間かけて社長も含めた幹部全員で策定しました。

そして、その経営理念から接客サービスの核となる「わが家のおもてなし」というサービスコンセプトを導き出しました。

しかし、これを決めただけでは差別化にも、独自性にも繋がりません。

◉自社のサービスを差別化する方法

そこで次に、**「わが家のおもてなし」を自部署に置き換えたときにどんな接客サービスをすべきかというサービススタンダードを、宿泊、客室清掃、レストランといった部署ごとに策定**します。

例えば、フロントは「いらっしゃいませ」ではなく、わが家なので「おかえりなさいませ」に統一する。客室清掃は、わが家のように寛《くつろ》げる客室を目指し、リピーターのお客様は前回の履歴を見て、時計の位置、ハンガーの数、枕の堅さなどをあらかじめ変更して客室をセットしておく——といった具合に決め、それをマニュアルに落とし込みます。

さらに、各スタッフが「わが家のおもてなし」を自ら考えて、自主的にそれに沿ったサービスを実施したエピソードを投稿できるボードを設置。スタッフ全員が切磋琢磨して、「わが家のおもてなし」に取り組む仕組みも構築しました。

すると、徐々に変化が現れてきました。

それまでのお客様からの口コミは、「立地がいい」「コストパフォーマンスがいい」といったコメントがほとんどでしたが、この取り組み以降は、

「帰りたくない！と思えるほど、心地良い時間を過ごせました」

「『おかえりなさい』とかけられる温かい言葉が嬉しかったです」

「レストランでの朝食時、スタッフの皆さまの自然な心配りと笑顔が、1日の始まりを明るく照らしてくださり最高でした」

といったコメントが増えたのです。ある大手口コミサイトの評価も5点満点中で以前は3・9だったのが4・8まで上がり、それに伴いリピート率も業績も上がり続けています。

また、全国に展開しているある婚礼衣裳店では、経営理念から導かれたサービスコンセプトは「自分の家族の結婚式のような祝福」でした。これをもとに各店舗でサービススタ

接客サービスで差別化するプロセス

経営理念・ミッション

経営理念、ミッション、フィロソフィー等、
自社の核となる価値観をベースにする

▼

サービスコンセプト

経営理念やミッションに示されている価値観やキーワードを
抽出し、接客サービスに反映しやすいコンセプトを策定する

▼

サービススタンダード

サービスコンセプトに基づき、一貫性のある具体的な
接客サービスを構築し、ルール化する

▼

スタッフへの浸透・落とし込み

マニュアルの整備、振り返りシートの作成、投稿ボードの設置等、
スタッフへの浸透、落とし込みを仕組み化する

ンダードを考え、実践しています。

例えばある店舗では、「家族ならば、新郎新婦様を下の名前で親しみを込めて呼ぼう」「家族として、まずは自分のことを分かってもらいたいから、自己紹介をしてから接客に入ろう」といったように、一貫した接客ストーリーが導き出され、さらに毎週、朝礼で実施状況を振り返り、徹底を図っています。

「自分たちの接客・サービスでお客様に提供するこだわりや価値を明確にする」ことで、スタッフが1組1組に向き合う意識が高まり、単なる「お客様に喜んでいただく接客」以上の接客ができるようになっているのです。

ホスピタリティチームになるために

自社の核となる価値観から一貫性のあるサービスを設計、構築する

このように経営理念等の企業の核となる価値観から、お客様に共感していただける接客・サービスを設計、構築すること。そしてそれをスタッフに落とし込み、浸透させることは、大きな差別化・独自性に繋がり、これからの時代の効果的な差別化戦略となります。

06

お客様からたくさんお金をいただくことは「悪」ではない

◉「安くすること」がお客様のためになるとは限らない

顧客サービスにおけるホスピタリティは、「自分たちの接客サービスを通じて、お客様のしあわせに貢献すること」を意味しますが、そのことを勘違いして解釈しているスタッフに出会うことがあります。

それは、「お客様からたくさんお金をいただいてしまったら申し訳ない」と思っているスタッフたちです。

確かに「お客様への貢献」と考えると、「安くして差し上げることが貢献に値する」と思ってしまうスタッフもいると思います。しかし、**安くして差し上げることが必ずしもお客様のためになるとは限りません。**

私が前職の婚礼支配人だったとき、結婚式が終わったお客様から、プランナーに対してクレームをいただいたことがありました。

それは、「プランナーが商品を提案してくれなかった」というクレームです。

ウェディングは料理、飲み物、装花、引出物、写真、映像、演出など多くの商品で成り立っており、それらの商品を打ち合わせの中でプランナーがお客様に提案しながら商品を選んで購入していただきます。

そこで私が担当プランナーに「お客様からこういうご指摘をいただいたけど、思い当たることがある？」と聞いたところ、プランナーはこう答えました。

「最初にご来館いただいた際に提示した見積書から、追加オプションを販売して金額が上がってしまうと申し訳ないと思ったので提案を控えました。それに打ち合わせのとき料金にはシビアなご様子だったので、安く仕上げて差し上げたほうがお客様のためだと思いました」

このスタッフは、「商品を提案する＝売りつける」と考えてしまっていました。そして良かれと思って提案を控えたわけですが、結果的にお客様の不満に繋がってしまうのであれば、その厚意には何の意味もありません。このように、スタッフの思い込みで良かれと思ってやったことがお客様のためになっていないケースが非常に多いのです。

それでは、このような部下にリーダーはどのような指導をすべきなのでしょうか？

◉スタッフの思い込み接客を無くす方法

まずは、「スタッフの正しいと思っていることが、お客様の正しいこととは限らない」ということをスタッフに認識させる必要があります。私はよく**「ニュートラルで接客に臨みなさい」**と伝えるのですが、お客様は「購入しても良い」と思っているのに、「このお客様は今日は購入しなさそうだから、具体的な提案はやめておこう」「このお客様は話し掛けないほうが良さそうだから、そっとしておこう」といったように、勝手に自分の思い込みで判断して機会を失っている、お客様のためになっていないケースが多く見られます。

そして、**スタッフの「さじ加減」にしない**ということも大切です。

スタッフのさじ加減にすると、スタッフの思い込みで、「提案したり、しなかったり」、「言ったり、言わなかったり」ということが生じます。

したがって、「必ずクロージングまで接客する」「必ずこれは伝える」といったベースの部分はルールを作り、それを接客シナリオに落とし込むなどして徹底させることで、お客様へのご提案やご案内に抜け漏れが無くなるように工夫することが必要です。

私たちが**接客サービスを通して提供しているのは、最終的な商品だけではありません。そのプロセスで伝える言葉や、気持ち良く購入していただくまでの導きも商品**であり、それこそが付加価値です。そこに価値が無ければ、お客様はわざわざ店舗に足を運ぶことなくネットで購入するでしょう。

私たちの接客によって、100円の原価のものが、「200円でも高い」と思われる場合もあれば、「1000円でも安い」と思われることも実際あるのです。

私たちは、「安くして差し上げることがお客様のため」と考えるのではなく、提供する商品・サービスに価値を感じていただける接客サービスを磨くことを目指すべきなのです。

ホスピタリティチームになるために

スタッフの思い込み接客をニュートラル接客に変える

07 「顧客満足度」ではなく「顧客感動度」にこだわる

◉顧客満足度が上がればリピーターは増える?

顧客満足度の平均値を上げることが、リピーターを増やすことに繋がるとは限りません。

リピート率は、お客様が「満足」と感じたときにはそれほど向上しないのに対して、「大満足」と感じたときには大きく向上するという傾向があります。

実際に私たちが消費者としてサービスを利用する飲食店、旅館、美容院などでも「普通に満足」というのは当たり前で、「もう一度利用したい」と思うときは満足を超えた「感動」に値する体験をしたときではないでしょうか?

したがって、**お客様からいただく満足度の平均点を上げることよりも、お客様の期待を超える「感動体験」を提供することのほうがリピート率を向上させる**こと、つまり業績を向上させることに繋がるということになります。

では、どのようにすれば「感動体験」をお客様に提供することができるのでしょうか？

それには、お客様の「期待以上の感動」の提供を、スタッフに意識付けることです。

あるホテルでは、客室内に設置しているアンケートで、フロント対応、客室、レストラン、価格等について、様々な項目で「期待以下」「期待通り」「期待以上」をお客様にチェックしていただき、顧客満足度を測っています。

それ自体はどのホテルでも実施していることが多いのですが、このホテルの場合は、「期待以上」の割合を全体の評価の70％以上にするという目標を設定しています。

この目標設定によって、各スタッフは「期待以上の接客サービス」に意識が向き、一人ひとりのお客様に対して、主体的にプラスアルファの声掛けや気遣いを心掛けるようになりました。

同時に、各スタッフがお客様に「顧客満足」を超えた「顧客感動」を提供する仕組みを作りました。それは、いくらスタッフがお客様に「感動」を提供したいと思っても、自分にそのやり方が分からなかったり、アイデアが無ければ提供はできないからです。

具体的には、社員食堂にボードを設置して、自分で提供した、あるいは仲間や他部署が提供した感動サービスを投稿してもらい、エピソードを共有しました。

◉顧客感動の作り方

ボードには、

「チェックアウトのとき、どしゃ降りの雨で困っていたお客様に傘をプレゼントした」

「車椅子のお客様に車寄せまで付き添ってご案内したところ喜ばれた」

「お客様が部屋に手荷物を忘れ、駅まで届けたらとても感謝していただけた」

「宿泊予約の電話の際に、ホテルへの道順を丁寧にご案内したら、チェックイン時に、わざわざ私を呼び出してくださって御礼を言われて嬉しかった」

といった投稿が寄せられました。これによって、他のスタッフが提供した感動サービスを全員が自分の接客の引き出しに入れることができるようになり、プラスアルファのサービスの実践度を高めることができました。

また毎月、一番良かった感動サービスを全スタッフに投票してもらい、「感動大賞」を決めるといった評価制度も導入し、スタッフたちは切磋琢磨してお客様への感動サービスを前のめりで実践するようになったのです。

その結果、当初はお客様からのアンケートで「期待以上の割合」が50%でしたが、最近では目標の70%を超えるようになりました。これに伴ってリピート率も上がり、業績も伸び続けています。

このように、**お客様に期待以上の「感動体験」を提供するには、会社全体で「顧客感動サービス」を推進すること、各スタッフが取り組みたくなる仕組みを構築すること、そして日々の中でスタッフに意識・行動変容を促す**ことが重要です。

また、このような取り組みは会社全体ではなく、各部署でも取り入れられます。自分たちの接客レベルをひとつ上のステージに引き上げる意味でも、「顧客満足度」ではなく「顧客感動度」にこだわっていきましょう。

ホスピタリティチームになるために

「顧客感動サービス」をスタッフが目指したくなる仕掛けを作る

08

お客様から熱愛されるホスピタリティチームを作る

◉働くスタッフの幸福度が、お客様の幸福度に繋がる

本書のテーマは「お客様からもメンバーからも熱愛されるホスピタリティチームの作り方」です。

しかし、いずれの章もスタッフへのマネジメントの話が中心で、「お客様から熱愛される」ための具体的なアプローチやテクニックについては、あえてほとんど書いていません。

それは、**「ホスピタリティに溢れた組織」を創ることができれば、必然的に「お客様から熱愛される組織になる」**ことを私はよく知っているからです。逆に言えば、そこで働くスタッフが一緒に働く上司も仲間も嫌いで、やりがいも感じられずにやらされ感で仕事をしている組織がお客様から熱愛されている例を、私は見たことがありません。

それだけ顧客サービス以前に、「リーダーがどのようなマネジメントをするのか」、そして「どのような組織を創るか」がカギということです。そして、上辺ではない、真のお客様の心を満たす接客サービスが求められるこれからの時代、その重要性はさらに増します。

これまでの時代は資本主義思想の中で、売上を上げる、利益を上げる、経費を削減するといった考えがマネジメントの中心であり、従業員は会社の利益を上げるための労働力という位置づけでした。

しかし、会社の本来の存在意義であり目的は、**「関わるすべての人のしあわせに貢献する」**ことにほかなりません。関わるすべての人というのは、お客様だけではなく、スタッフであり、取引先であり、社会全体を意味します。

特に、「人」がすべての接客・サービス業においては、そこで働くスタッフの幸福度が、そのスタッフからサービスを受けるお客様の幸福度に繋がっています。

だからこそ、スタッフが幸福感に満ち溢れキラキラ輝くためのマネジメントが、良い顧客サービスを提供するための前提条件として不可欠なのです。

◉自分の意思で働くメンバーを育てる

もちろんサービス業である以上、お客様へのおもてなしや厚遇は重要であり、ホスピタリティが顧客サービスに果たす役割が大きいことは事実です。

しかし、ホスピタリティは単なる顧客満足を満たすためのものではありません。なぜ「ホスピタリティがマネジメントにおいて有益である」かというと、**ホスピタリティはスタッフ自身が「自主的に、自分の意思で働く大きな意味付け」になる**からです。

ホスピタリティは、「他者に貢献することによる自分自身の喜びやしあわせ」を意味します。つまり、接客・サービス業における自身の仕事の喜びやしあわせは、「お客様に貢献したときに得られる」ということになります。

「医療サービスを通じて病気の患者様を元気にする」
「飲食サービスを通じて、お客様を笑顔にする」
「住宅販売サービスを通じて、家族の大切な時間を豊かにする」

これらはすべて、お客様への貢献であり、この貢献によるお客様の笑顔や感謝、喜びが、私たちの仕事におけるエネルギーの源泉です。

したがって、ホスピタリティをマネジメントのベースにすることは、本来、スタッフが

ホスピタリティチームと
社会の輝きの相関図

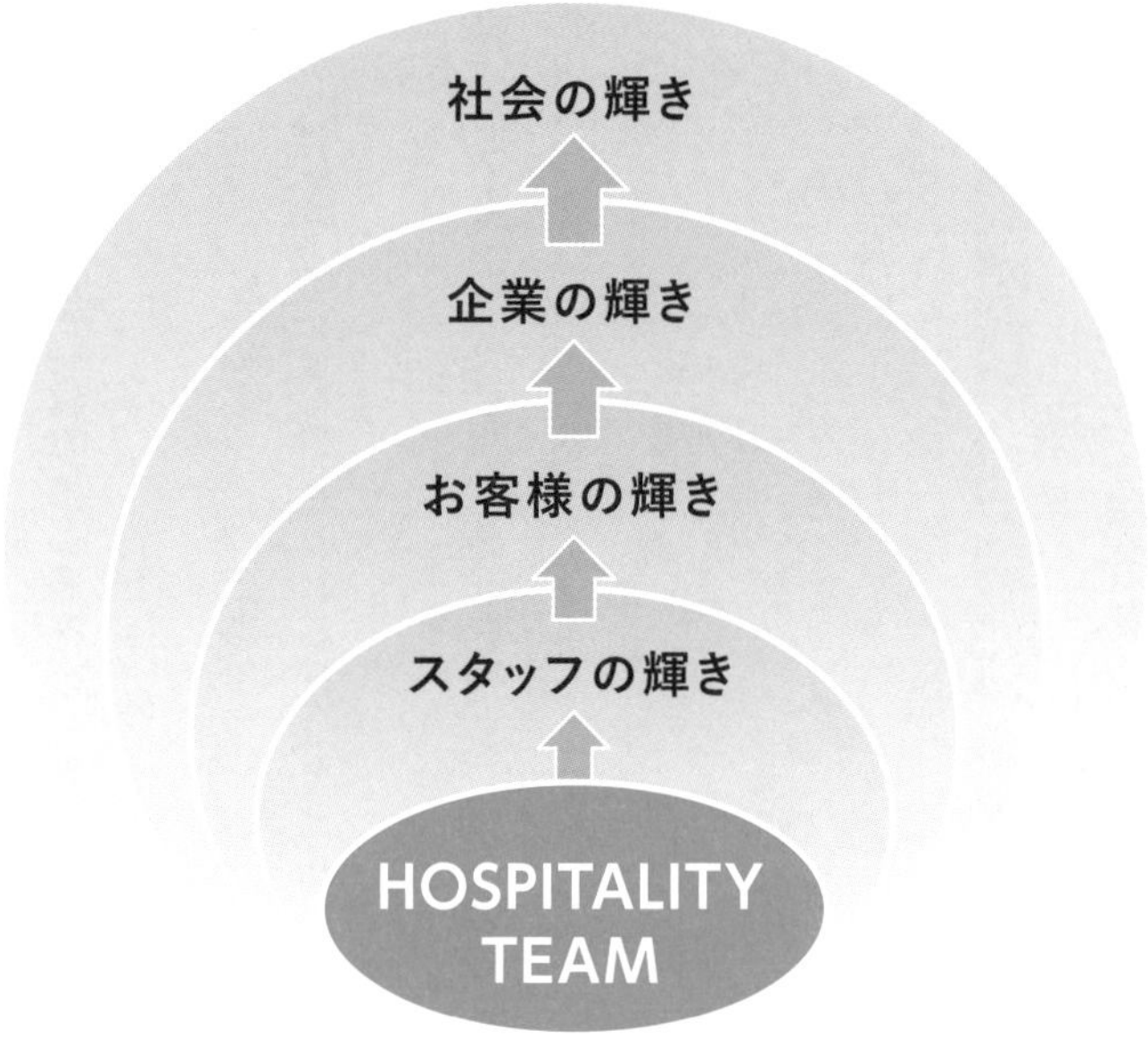

この仕事で得たい喜びやしあわせに対して、「自主的に、自分の意思で働く」大きな動機付けになるのです。

そして、世の中の貢献に大きな意味のある、この接客・サービス業を選んだことは、「各スタッフが人間として人生を自主的に生きること」にも繫がります。

だからこそ、リー

ダーのマネジメントによってスタッフの可能性にフタをしたり、**売上至上主義で本来のこの仕事のエネルギー源である「貢献による喜び」を無視したマネジメントをしてほしくない**のです。

スタッフが輝くことで、そのスタッフからサービスを受けるお客様が輝き、そんな輝いた人たちで社会が溢れる。そんな輝きのある社会を創り上げるキーマンはリーダーであるあなたです。

この接客・サービス業という仕事に誇りを持ち、輝きのある明日のために、一緒に「ホスピタリティチーム」を作っていきましょう。

ホスピタリティチームになるために

接客・サービス業を選んだ自分を信じてホスピタリティチームを作る

Q & A

現場リーダーの悩みはこれで解決！

現場リーダーは本当に頑張っている！

前章まで、接客・サービス業のリーダーが「思考」や「行動」を変えることにより、スタッフ一人ひとりを生かし、組織力を最大化するためのマネジメントについてお伝えしてきました。

しかし、現場では日々、様々な問題が起こり、現場リーダーの悩みは尽きることがありません。


「会社や上司からの様々なリクエストに応えなければならない」

「年齢や性別、性格も違う部下に対して最適なマネジメントをしなければならない」

「顧客満足度を上げるだけでなく、クレームも先頭に立って対処しなければならない」

「目標を達成しなければならない」

現場リーダーに求められる役割は多岐にわたります。

私はそうした現場リーダーの皆さんから、数多くの相談を受けてきました。

その内容は様々ですが、ある程度パターンがあるのも事実です。

そこで本章では、**これまでに受けた相談の中から最も多かったお悩み相談をえりすぐり、Q&A形式で解説**させていただきます。

基本的な考え方は前章までと変わりませんが、より生々しい、現場で起きている実際の課題に対する解決策として役立てていただければ幸いです。


中には、あなたにとって、「できていないこと」や「耳の痛い話」もあるかもしれません。

しかし、私が様々な現場を見るにつけて思うことは、

「お客様のため、スタッフのため、会社のため、そして自分自身のために、現場のリーダーは本当によく頑張っている」

ということです。

そんなリーダーの皆さんに敬意を表して、この道30年の私の経験から得たアドバイスや提案、激励をさせていただきます。

Q1

職場の人間関係がグチャグチャでどうすればいいのでしょうか？

■良好な人間関係を築くためにすべきリーダーの3つの行動

組織内の人間関係に関する悩みは尽きません。

そして、組織の良好な人間関係こそ、お客様への良いサービスを提供する上でも、スタッフのやる気を引き出して生産性を上げる上でも、定着率を上げる上でも重要な要素です。したがって、**良好な人間関係がすべての成果を導く根幹**であると認識してマネジメントすることが重要です。

その上で、人間関係の問題を解決するためのポイントには、次の3つが挙げられます。

①リーダー自身の言動・行動を見直す

「**組織はリーダーの鏡**」という言葉があります。

今の組織の人間関係がうまくいっていないのであれば、リーダーである自分自身に何か原因があるのかもしれない、とまず考える必要があります。

以前、あるホテルで人間関係がうまくいっていない組織の相談を受けたときに、そのマネージャーへのヒアリングでこんな発言がありました。

「うちの部下はロクなヤツがいないんですよ。本当に使えないヤツばかりでなんとかしてください」

上司が部下に対して否定ばかりしていては、人間関係が崩壊するのもうなずけます。私の耳にはリーダーの知らない「部下からの悲痛な叫び」が聞こえてきます。

このほかにも、リーダーがやりがちな行動で注意が必要なのは、「気の合う部下に偏ったコミュニケーションをする」「上しか見ていない」「相談もなく勝手に意思決定してしまう」などです。

最悪なのは、部下から「このリーダーに相談しても無駄」と思われてしまうことです。

そうならないようにまずは、自分の普段の言動を内省してみること。また、勇気を出して部下に自分の行動で不満に思うことを聞いてみる、ということも有効です。

②問題が小さいうちに芽を摘む

人間関係の些細な問題が起きているとき、見て見ぬふりをして放置するリーダーも多いのですが、人間関係こそ小さな問題のときに芽を摘むことが重要です。

ホテル支配人時代に、ある女性メンバーから、

「○○さんたちは、忙しくても仲良し同士で昼食休憩を取っていますが、残されたメンバーは忙しくて大変な目に遭っています。なんとかしてください！」

と相談を受けました。

「そのぐらいメンバー同士で声を掛け合ってうまくやってくれよ……」

とそのときは思ったのですが、彼女たちにとっては大問題です。

私はすぐに緊急ミーティングを開催して、みんなでこのテーマについて向き合い、シフトに昼食時間とメンバーをあらかじめ組み込むことで、すぐに問題を解決しました。

もしこの問題をそのまま放置していたら、不満が溜まり、職場の雰囲気や風通しはどんどん悪化し、ゆくゆくは業績にまで影響していたかもしれません。

このように、ちょっとした意思疎通のズレやすれ違いで大きな人間関係の問題に至るケースが多く、私も痛い目に散々遭ってきました。

それだけに職場の人間関係の課題は**小さな問題でも放置せず、部下の提言もきちんと聞**

き、誠実に向き合って解決することが大原則であり、それを習慣にすることも大切です。

③メンバーへの「愛」を普段から口にする

良好な人間関係を構築する上で、意外に上司がやっていないのは、部下に対する愛情を表現するということです。

「この組織の中で悪いメンバーは一人もいない」
「うちのメンバーで一生懸命やっていないメンバーは一人もいない」
「自分は、このメンバーがみんな大好きだ」

といった言葉を、普段からメンバー全員の前で口にするようにしましょう。そうしたメンバー全員に「リーダーはこの組織の全員のことが好きなんだ」「問題視しているメンバーも認めているんだ」ということが伝わります。

「全メンバーをリーダーとして承認している」メッセージを事あるごとに発することで、こうしたリーダーの承認は、やがてメンバー同士の承認にも繋がっていきます。さらに、**お互いの承認に満たされた組織になることで、つまらない人間関係のトラブルも次第に無くなっていく**のです。

Q2 年上の部下をどうマネジメントすればよいか教えてください

■これからは年配者マネジメントが重要な時代

若手の現場リーダーから、「年上の部下」に対するマネジメントの仕方について相談される機会が増えてきました。

その理由としては、少子高齢化に伴い定年が延長されたこと、定年後の再雇用や転職で高齢のスタッフが新メンバーとして加わるケースが増加したことが考えられます。

年上部下の中には、その部署で長年尽力されてきた功労者も少なくありません。そうした人たちは、現場志向が強くてリーダー職を希望しなかったり、人をまとめるのが苦手で自分の技術を全うしたい職人気質の人が多い傾向があります。

その場合、経験年数においても、業務スキルにおいても、年上部下のほうが上であるケースが多く、「リーダーとしてどのように接したらよいのか分からない……」というのも無理もありません。

■年上部下のマネジメントで大切な3つのこと

年上部下をマネジメントする上での大前提は、**どうしたらその人のこれまでの人生経験が生かされるか**ということを念頭に置いてマネジメントすることです。

その上で、年上の部下をマネジメントする際に大切なことは次の3つです。

①人生の先輩としてリスペクトする

部下である以上ナメられてはいけないと、虚勢を張って頑張ってリーダーシップを発揮しようとしているリーダーをよく見掛けるのですが、むしろ逆効果であり、**百戦錬磨の年上部下にとっては、そんな虚勢は見透かされている**と認識してください。

むしろ、人生の先輩として尊重し、尊敬の念を持って接することのほうがよほどお互いの関係性を築く上で重要となります。

②あなたから年上部下を頼る

人生の先輩である年上部下を、出世に乗り遅れた等の理由で上から見下したりしているリーダーを見掛けるのですが、そうではなく、**これまでの経験の叡智を活用させていただく**という姿勢を持つことが大切です。

ある大手グループ企業で、突然、まったく知識も経験もないスキー場のマネージャーに異動となったリーダーが、年上部下についてこんなことを私に話してくれました。

「スキー場の知識も経験もまったくない私が、スキー場一筋40年の年上部下に対してどのように接すればよいか、最初は困惑していました。でも、自分をさらけ出して、何か困ったことがあればまず最初に頼り、相談するようにしたのです。そうしたところ、それまでは我関せずで組織の中での協調性がまったく無かったその年上部下が、それからは積極的に協力してくれるようになりました」

このように敵に回すと厄介な存在でも、味方に付ければあなたの参謀に十分成り得るのも年上ベテラン部下なのです。

③「支援」「権限委譲」をベースとしたマネジメントをする

年上部下は細かい指示や注意を嫌う傾向があります。

人生経験は当然ながら年上部下のほうが積んでいます。年下から指示や注意を受けることに対して、「上司だから受け入れなければいけない」と頭では分かっていても、プライドが邪魔して抵抗してしまうのはやむを得ないことです。

したがって、その年上部下のキャリアや経験によっても多少変わりますが、基本的には**「指示をする」というスタンスではなく、「支援する」**マネジメントが大切であり、場合によっては、**任せる業務を決めて「委任する」**というマネジメントが効果的です。

その場合には十分話し合い、期待値とゴールを上司・部下でよく握った上で、定期的な面談を義務付けるなどの施策もあわせた上で任せるのがよいでしょう。

また、ある特定の業務に専念して任せる場合には、特別扱いをしていると他メンバーに思われないように、他メンバーへの説明を丁寧に行い、コンセンサスを得るのも忘れてはいけません。

Q3 リーダーの仕事は大変なことばかりで割に合いません！リーダーをするメリットはあるのでしょうか？

■リーダー職に魅力を感じていない事実

私の出会うリーダーの多くは、残念なことに「リーダー職に魅力を感じていない」というのが現実です。

「お客様とじかに接していたときのほうが楽しかった」

「管理職になったら残業代がつかなくなって、逆に給料が下がった」

といった声を聞くことも少なくありません。

確かに役職が上がれば責任は重くなり、自分のことだけではなく、部下のことや職場全体のことも考えなければいけないので苦労が増えることも事実です。

しかし、逆にリーダーでなければ味わえない喜びややりがいもたくさんあります。

■自分がやりたいことができるようになる

前職のホテルマン時代に、ホテルの経営が苦しくなり、経費削減のプロジェクトが立ち上がったことがありました。

そのときに、不要なものが削られるのはしょうがないと思うのですが、お客様に記入していただくボールペン1本も粗悪なものに変わっていきました。

当時、私は役職もなく一般スタッフだったのですが、直属の上司に「ホテルなのだからお客様に関わるものは削るべきではない」と直訴しました。しかし、上司は「会社の方針だからしょうがない」という答えでした。

そのとき、私は**「早く偉くなって、どんなときでも『お客様ファースト』という私の信念をブレずに貫く環境を自分で作るしかない」**と思いました。

その後、私はそのホテルで最年少支配人となり、自分の信念をベースとしたマネジメントが叶えられたという自負があり、このことが後の日本一のプロジェクトを成し遂げることに繋がっていきます。

これも、支配人というリーダーにならなければ叶わなかったことです。

■人間として成長できる

そしてリーダーになる最大のメリットは、自分の人間的な成長にあると考えます。

プレーヤーのときは、極端なことを言えば自分のことだけを考え、自分の役割を全うしていれば誰からも文句を言われることがありませんでした。

しかし、リーダーになると、会社からのリクエストも、部下からの提言も、部下の起こしたミスも、すべて自分の責任として受け入れなければいけません。

したがって、プレーヤーのときよりも多くの人や多くの問題に関わる機会が増え、時には相手の立場に立って話を聞き、時には言いたくもない苦言を部下に言わなければならないこともあります。理不尽な要求を会社からされたときには、部下のモチベーションを下げないためにどのように伝えればいいかを考える必要もあります。

私の辞書には**「人は人によって磨かれる」**という言葉があります。これは、人間は他者によって与えられる試練によって磨かれ、「痛みを知る」「味が出る」「深みを増す」といった人としての魅力が醸成されて輝くことを意味します。

特に接客・サービス業は「人がすべて」という仕事なので、他業種よりもたくさんの人に関わり、磨いていただける。こんなラッキーな仕事はありません。**大変なことに直面したときには、「磨いていただいている」という視点に立ち、疲弊するのではなく、「宝石のように磨かれて輝く自分にしていただいている」という感謝の念を持つ**ことで、自分に降りかかる問題も前向きに捉えられるようになります。

一方で、リーダーとなると、自分自身がプレーヤーとして接客したお客様だけでなく、あなたの部下が接客したお客様も含めた人数分の喜びが自分の大きな喜びとなり、それに伴い部下が成長した喜びも同時に味わえる。**リーダー職はプレーヤーの何倍も、何十倍も大きな喜びを実感できる仕事**です。

このように捉えれば、接客・サービス業のリーダーは決して割に合わない仕事ではなく、最幸な仕事だということがわかっていただけると思います。

Q4

ハラスメントが怖くて、部下に言いたいことを言えません。どうすればよいのでしょうか？

■ハラスメントの恐怖から、部下と関わらない上司が増えた

「ハラスメントが怖い」

これも、よくリーダーの皆さんから相談されることです。

私の知っている例では、情熱がある上司ほど部下に対してつい熱くなり、暴言を吐いてしまいがちなもの。その結果、ハラスメント認定で他部署に異動になったり、出世街道から外されてしまったケースも、実際にたくさん見てきております。

そんなこともあり、**ハラスメントへの恐怖からか、部下に対して「どこか冷めている上司」が以前よりも多くなってきた**ようにも感じます。

「ハラスメントが怖いので、あまり部下には関わらないようにしています」
「以前は、退社後に飲み会に誘っていたのですが、最近はハラスメントと言われてしまうので、誘わないようにしています」
といった声も多くなりました。

■ハラスメントのリスクを減らすたったひとつの方法

接客・サービス業に就く人たちは、「人と接することが好き」ということが多いのは間違いありません。

また当然ながら、職場においては、「人と人とが協働し、調和し合って良いサービスをお客様に提供する」のが、この仕事の醍醐味であり、喜びです。

その醍醐味を、リーダーの「ハラスメントに対する過剰なリスクヘッジ」によって奪ってしまうことで、職場の雰囲気をしらけさせていいのでしょうか？

そもそも、ハラスメントになるかどうかの分かれ目は「上司の言動を部下がどう受け取るか」にあります。同じ言葉を発しても、部下が「上司からの愛情」と受け取るか、「ハラスメント」と受け取るかは、部下の受け取り方次第です。

つまり、上司がハラスメントのリスクを減らす上で大切なのは、「部下との信頼関係を築く」ことに尽きます。


今まで私が見てきたハラスメント事例でも、**「気の合わない部下」「普段からコミュニケーションが希薄な部下」からの訴えが圧倒的に多い**のです。

したがって、**あなたが普段からハラスメントを恐れて、部下とのコミュニケーションを避けることは、かえってリスクを増やしてしまっている**ということに気づくべきです。


その上で、私はよく「自分のことを話す」ということを意図的にやっています。

「ダイエットを始めようと思って、迷ったけど思い切って昨日からジム通いを始めたんだ」

など、どんなことでもよいので部下に自分のことを話すと、

「実は私もジムに通っているんですけど、どこのジムに行っているのですか？」

といった具合に、部下からも自分のことを話してくれるようになります。

しかも、コミュニケーションが希薄になりがちな部下にこそ、積極的に話し掛けることが大切です。

このような**血の通ったコミュニケーションが職場内にあるかどうかが、ハラスメントが起こる職場であるかどうかの大きな違い**になります。

リーダーの中には「仕事は仕事、プライベートはプライベート」と、自分のシャッターを下ろしてしまう人もいるのですが、もったいないと感じます。

ハラスメントの教科書には、「こんなことを言ってはいけない」「あんな態度をしてはいけない」といった、「してはいけないこと」ばかりが書いてあります。

それだけに、ビビッて部下に話し掛けられないのも無理はありませんが、もっとお互いの関係性を積極的に深めることこそが、ハラスメントの撲滅に繋がると私は確信しています。

Q5

リーダーとしての自信が持てません。どうすれば自信を持てるようになるのでしょうか？

■リーダーが自信を持てない理由

この悩みも多く相談されますが、そもそもプレーヤーとしての教育は受けていても、「リーダーとは？」という教育は受けていないケースが多いのも要因として挙げられます。

しかもリーダーの中には、

「リーダーになりたくてなったわけではない！」

という方も多く、リーダーという役割に対して意欲的になれていないことも、自信を持てない要因として考えられます。

また、リーダーになると、「本当にこれでいいのだろうか？」「自分の意思決定に自信が持てない」などと思う場面がたくさん出てきます。

プレッシャーも、プレーヤー時代より大きくなります。私の知っているリーダーでも、プレッシャーに追い詰められて心の病になってしまったり、退職に追い込まれてしまったりした人が少なからずいます。

このように、リーダー職は誰でもできる仕事ではありません。会社としても誰でもいいわけではなく、あなたがリーダーになれたのは会社が認めてくれた証でもあるのです。

ですから、まずは「認めてもらえたということに自信を持ち」、会社のためにも、自分の成長のためにもチャンス(機会)と捉えて、やりがいを持ってリーダー職を全うしていただきたいと思います。

■リーダーが自信を持つために大切なこと

その上で、リーダーとして自信を持って仕事をするために大切なことは、まずは、**「周りの目を気にしすぎない」**ということです。

どうしてもリーダーになると、

「リーダーらしくしなければ」

「できないリーダーと思われないようにしなければ」

というように周りの目を気にしすぎて、自分が自分らしくいられなくなります。

「自分は自分」と考え、今の自分を否定するのではなく、ありのままの自分を肯定的、好意的に受け止めることが大切です。

なぜならば、**「自分を肯定的に受け入れられない人は、相手を肯定的に受け入れられない」**傾向があるからです。

実際、「なんて自分はダメなんだ」「なんでいつもこうなってしまうんだ」という思考を持つリーダーは、部下に対しても、「なんであいつはいつもこうなんだ」と否定的な感情を持つ傾向があります。

したがって、自分自身を否定的に見るのではなく、「こんなときもある」「まだまだこんなもんだ。伸びしろがあるということだな」などと自分を肯定的に受け入れることが、自分のためにも、部下のためにも大切です。

そして、もうひとつリーダーとして気をつけなければならないことがあります。

それは、自分に自信を持てないリーダーは、「部下から自分が否定的に見られている」と感じやすくなるため、自己を守るために保身的な行動をとりやすくなるということです。

前職のホテルマン時代に、私が宴会セールスをしていたとき、厨房にお客様の要望を伝えに行った際、シェフから「そんなことできるわけねぇだろ！」とよく怒鳴られました。

仕事を離れてシェフと飲んでいたときに、そのシェフから、「現場を回すため、部下を守るために威圧的な態度をとったり怒鳴ったりしてすまん」と謝られたことがあります。

このように**人は追い込まれたり、守るものがあると、弱い自分を守るために、相手に対して攻撃的になる**傾向があります。

したがって、リーダーが部下の行動にイライラしたり、忙しいときに部下に声を掛けられると威圧的な態度をしたりするというのは、実は自信の無さの表れや自分の保身のためだと自覚し、部下を責めるのではなく「自分の至らなさ」を受け入れる思考が必要です。

リーダーとしての自信があるかないかは、欠点や至らない点も含めて、自分で自分を受け入れられるかどうかの「自己肯定感」によるところが大きいもの。まずは「部下にとっていい上司であるべき」よりも、**「謙虚に今の自分を受け入れ、自分の保身のためではなく、組織、部下への貢献のために、自分ができることひとつずつ積み重ねていくこと」**が、結果的にリーダーとしての自信となり、部下からの信頼に繋がります。

Q6

会社や仲間の不満や悪口ばかりを言う部下をどうマネジメントしていいのやら……

■会社や仲間の悪口を言うのは個人の資質とは限らない

「組織に会社や仲間の悪口を言うメンバーは一人や二人はつきもの」と思っているリーダーも多いのですが、放置しておくと腐ったみかんのように組織全体に広がる恐れもあります。

またリーダーは、「会社や仲間の悪口を言う＝個人の資質の問題」と考えがちですが、私がこれまで見てきた中では、このような事象が起こる職場にはいくつかの共通点が見られます。

まずひとつ目が、**「職場が汚い」**という点です。

職場にゴミが落ちている、整理整頓ができていない、トイレが汚い……このような環境で人間は過ごすと心が「すさみ」ます。

その「すさんだ心」が、他者を批判する言動に繋がっている可能性があります。

もうひとつは**「業績が下がっている」**ということです。

ある飲食店では、昨年までは売上絶好調でみんなイキイキと働いていたのですが、近くに類似形態の競合店ができたために、売上が下がり、まるで別の店舗であるかのようにスタッフも元気が無くなって、メンバー同士もギクシャクしていました。

その原因としては、忙しいときはみんなでお客様のほうを向いて無我夢中で仕事をしていたのですが、業績が下がり始めると時間的な余裕ができ、業績が下がっている原因を社内に向けて犯人探しを始めたからです。

これが仲間を責めることに繋がり、組織全体にも悪影響を及ぼしていました。このような事象が起きたときに、リーダーはメンバーの意識を職場ではなく、もう一度お客様に向けることが必要です。

■不平不満を言うメンバーの対処法

では、このような不満や悪口ばかり言うメンバーにはどう対処すればよいのでしょう？

まず、このようなメンバーは「他責思考」が強い傾向にあります。

例えば、「あの人はいつも定時で帰ってしまって、自分ばかり残業をしている」と不満を言うメンバーがいたとします。

しかし、「自分が効率的な仕事ができていない」ということを棚に上げて、仲間を責めていることが往々にしてあるのです。

このような場合は、自分も含めて完璧な人間はいないという視点に立ち、

「相手に指をさすのではなく、自分に指をさしてみる」

ということを意識づけさせることが必要です。

また、このようなメンバーは相対思考が強く、「誰かと比べて自分は頑張っている」「誰かと比べて自分だけ苦労している」と考えがちです。

しかし、本来、誰かと比べるためにこの仕事をしているわけではありません。「自分の仕事の目的とは何か？」という原点に立ち戻り、「自分のあるべき姿やあり方」に目を向ける絶対思考への導きが必要です。

「会社の不満や悪口を言う部下」は、ただ不平不満を言っているだけでは、会社からの評価は下がる一方です。

したがって、不満だけでなく、「もっとこうしたら効率的に仕事ができるようになる」「ここを改善すれば売上が上がる」といった〝不満に思っていることの解決策〟もあわせて提案させることで、上司や会社の印象は大きく変わります。

また、メンバーが誰かの不平不満を口にしたり悪口を言ったりすればするほど、相手を自分から嫌いになっていきます。それはすなわち、「会社に行きたくない」、「その人と気まずくなる」「仕事がやりづらくなる」など、結局、自分のモチベーションを自分から下げているようなものです。

「会社や仲間の不満や悪口を言うことは、実は一番自分が損をしている」ということに気づかせてあげることも重要です。

Q7 良いサービスをしたくても社員は私一人で、あとは全員アルバイト。どうすればよいのでしょうか？

■アルバイトを生かすマネジメント

最近の人手不足で正社員が採用できずにアルバイトで人員を確保しているケースや、厳しい経営環境から人件費削減の施策として、「社員一人、あとはアルバイト」で店舗を運営しているケースが増えています。

リーダーからも、「会社から顧客満足度向上を求められても、スタッフがアルバイトばかりでは、シフトの調整など、現場を回すので精一杯。サービスの品質向上どころではない」という声が聞こえてきます。

一方で、お客様の立場から見ると、「スタッフが正社員だろうが、アルバイトだろうが、良ければまた利用するし、悪ければ二度と利用しない」というのが現実です。

このような状況で、リーダーはどのようなマネジメントをすべきなのでしょうか？

まずはリーダー自身が、**「アルバイトだからしょうがない」といった思考を捨てる**必要があります。実際、ディズニーは約8割がアルバイトですが、あれだけのサービスを提供できているという事実もあります。

「それはディズニーだからでしょ」と言ってしまえばそれまでですが、同じ接客・サービス業として見習う点は多いはずです。

そのディズニーも、新人アルバイトスタッフに対してパークに出る前に時間をかけて「ディズニーとは？」を教育しています。同じように、どのような仕事でも実務を教える前に、リーダーが「この仕事はお客様のどのような喜びやしあわせに貢献しているのか」といった、仕事の意味や意義を情熱を込めて伝えることが、バイト感覚ではなく仕事としての意識を醸成します。雇用形態は関係ないのです。

そしてもうひとつ大切なことは、「アルバイトだから」という壁を作らないで、**「お客様のしあわせに貢献する一員」としてマネジメントする**ことです。

私は大学時代、機械工学を専攻していましたが、当時、求人紙でアルバイトを探していたところ、旅行会社の添乗員という求人を見つけて、興味本位で応募し、採用されました。

その旅行会社は正社員が2名で、あとはすべてアルバイト添乗員で、全国各地に向けた募集旅行に添乗員として同行してお客様のお世話をする仕事です。

日当は4000円、早朝から夜遅くまでの勤務で、とても割に合う仕事ではありませんでした。

しかし、私はそれまでにも建設現場や工場、飲食店等、様々なアルバイトを経験していましたが、唯一、その旅行会社が「私を必要としてくれた」「私を承認してくれた」と実感できたバイト先でした。

■アルバイトがこれからの人生を歩む糧となる

そしてその経験から、私は機械工学を捨てて、接客・サービス業であるホテルに、親から反対されながらも就職を果たしました。

そうです、アルバイトが私の人生を変えたのです。

ホテルに就職した後も、当時のアルバイト経験がかなり生かされ、最年少支配人になれたのも、そのアルバイト経験があったからこそだと思います。

私のように、アルバイトがきっかけで人生が変わった人は山ほどいます。

ですから、**このアルバイトを一生懸命することが、自分のこれからの人生にメリットがある**ということを伝えることが重要です。

特に、接客・サービス業のアルバイトは言葉遣いやマナー、コミュニケーション能力等が身に付き、就職にも、社会人になってからも大いに役立ちます。


自分がいてもいなくても同じ、コマのひとつでしかないとアルバイトスタッフが思ってしまえば、平気でバイトを休んだり、時給を稼ぐためにただ時間をやり過ごすだけになってしまいます。

一方、大切な組織の一員として、「お客様のしあわせに貢献する仲間」として承認すれば、社員以上のパフォーマンスを発揮する存在にも成り得ます。

「アルバイトだからしょうがない」と嘆くよりも、「そのアルバイトが自社にロイヤリティを持てるようにするにはどうすればいいか」を考えて実践しましょう。また、そのようなマネジメントができるかどうか、まさに接客・サービス業のリーダーに問われていることなのです。

Q8

クレーム対応が本当に苦手です。どうすればよいでしょうか？

■クレーム対応4つのポイント

リーダーである以上、クレームに対応する場面に多く直面します。それも、自分の起こしたミスによるものは少なく、部下がやってしまったことを責任者としてお詫びするケースがほとんどです。

私も前職の婚礼支配人時代には、年間450組のウェディングを実施していましたので、お客様からのお叱りやクレームに数多く対応してきました。

また、ウェディングは一生に一度でやり直しがきかないという点でも、クレーム対応をするたびに心苦しい想いをしたことを今でも忘れることができません。

ここではクレーム対応術ではなく、私が経験してきたクレームに対するリーダーの向き合い方について、4つのポイントで解説させていただきます。

①初動を迅速にする

まずは、クレームをいただいたらすぐに対応することが重要です。

ある結婚式でゲストの席順が書いてある席次表に不備があり、それが披露宴後に発覚したことがありました。私はまず新郎新婦様にお詫びしてから、その足ですぐに新郎様のご実家に車を走らせ、ご両親にお詫びにうかがいました。

そこに新郎様からご両親あてに電話が入り、事の報告を新郎様がしようとしたとき、「もう支配人がお詫びにここに来てくださっているよ」とご両親が伝えてくださったのです。新郎様はとても驚かれて、その場で許してもらうことができました。

それだけ、クレームをいただいたら迅速に対応することが重要ということです。

②クレーム対応はやりすぎるくらいでちょうどいい

私は、クレーム対応は「やりすぎるくらいでちょうどいい」と考えています。

「この程度のクレームであれば、この程度の対応をしておけば大丈夫だろう」

この思い込みで、私は何度後悔したか分からないほど苦い経験をしています。

「こちらにとってみれば小さなことでも、お客様にとっては大問題」という視点に立ち、お客様から「そこまでしてもらわなくても大丈夫ですから」と言っていただくくらいの対応をすることが重要です。そして、このようなクレーム対応こそ、後々、そのお客様にファンになっていただけることに繋がるのです。

③お客様に恥をかかさない

たとえ勘違いでお客様に「非」があったとしても、お客様に「恥をかかさない」ことが大切です。

ホテルではよく朝食のレストランに客室内のスリッパで来られるお客様が多く、「レストランでは客室内のスリッパのご利用はご遠慮いただいております」と事務的に伝えると、「聞いていない、説明が無い」といったクレームになるケースがあります。

このようなケースでも、最初にこちらから「ご案内が不足していて申し訳ございません」とお詫びすれば、お客様も気分を害することなく、むしろ「こちらも確認しなくてごめんね」というようにお客様がご自身で非を認めていただけることが多いものです。

このようなひと言が有るか無いかで、お客様の気持ちは大きく変わります。

④お客様への感謝をベースにした解決案を提示する

十分にお客様の話を傾聴し、お客様の意向を理解して、お客様の感情が収まったところで解決策の提示となります。

ここでのポイントは、感謝をベースにした解決策の提案をするということです。

基本的にお客様から「値段を引いてほしい」といった具体的な要求はありません。

「どうしてくれるんだ」というのがお客様のスタンスです。

したがって、こちらから解決策をお客様に提示するわけですが、まず「お客様が言いにくいことを言ってくださっていること」や「私たちのことを想って言っていただいていること」への感謝を、次のように伝えます。

「○○様にはご不快な想いをさせるだけでなく、言いにくいことを言わせてしまって本当に申し訳ありません」

「弊社の不手際で○○様にはご迷惑をお掛けしたにもかかわらず、私たちや今後、私どもを利用してくださるお客様のことを想って言ってくださっているお気持ちに心より感謝申し上げます」

そして、次に解決策の提案です。

「つきましては、〇〇様はこんなことをお望みではないことは承知の上で申し上げますが、このままでは私どもの気持ちが収まりませんので、ぜひ、△△させてください」

こうすることで、お客様に「言いたくなかったけど言ってよかった」「いいことをした」という気持ちになっていただくことができるのです。

■カスタマーハラスメントの対応

最近では「カスタマーハラスメント」という言葉をよく耳にするようになりました。

カスタマーハラスメントとは、クレーマーと呼ぶこともありますが、お客様の立場を利用して、理不尽な要求や謝罪を企業側に強要することを意味します。

まず前提として気をつけなければならないのは、**お客様を安易に「クレーマー」扱いしない**ということです。

自分たちを正当化したいがために、お客様の真意も汲み取らずにクレーマー扱いをするリーダーや組織も存在します。

しかし多くの場合は「期待値が高すぎる」「言いたいことをすぐに口にしてしまう」と

血の通ったクレーム対応
4つのポイント

POINT 1 初動を迅速にする

クレームをいただいたら迅速に対応することを心掛ける
すぐに対応できない場合は、その旨を迅速に伝える

POINT 2 クレーム対応はやりすぎるくらいでちょうどいい

この程度のクレームであれば、この程度の対応で大丈夫とは考えない
「そこまでしていただかなくても大丈夫です」と言ってもらえるように対応

POINT 3 お客様に恥をかかさない

お客様に恥ずかしい想いをさせないように配慮する
お客様に非があっても、こちらに不備があったように伝える

POINT 4 お客様への感謝をベースにした解決案を提示する

お客様に感謝を伝えた後に解決案を提示する
お客様に「苦言を言って良かった」と思っていただく

いったレベルのお客様で、要求ありきのクレームではないケースがほとんどです。

それを安易にクレーマー扱いして事務的な対応をすることで、大切なお客様をさらに不快な想いにさせることは、あってはならないことであると認識する必要があります。

それも考慮の上で、「カスタマーハラスメント」と判断した場合には、その方は極端に言えば「お客様ではありません」。

私の知っているホテルでは、あるお客様から昼夜問わず、事あるごとにクレームをつけられ、スタッフたちはそのお客様が宿泊するときには神経質になり、ストレスが溜まり疲弊していました。

それを見兼ねた総支配人は、そのお客様に対して、「**お客様のご期待には当ホテルでは応えられません。全額返金いたしますのでお引き取りください**」とはっきりと伝え、最終的にはスタッフを守ったのです。

このように、**リーダーはスタッフを守るために、時には「自分たちのお客様と認めない」という勇気と覚悟も必要**です。

■最終的には人と人

そうは言ってもカスタマーハラスメントは稀なケースであり、お客様からお叱りをいただくときは、我々に非があることがほとんどです。

「そうは言われましてもお客様……」「しかしながらですね……」「規約には……」などとお客様に我々の誠意が伝わる前に、最初からお客様と対決姿勢で臨むリーダーもいますが、まったく逆効果です。

最終的には人と人、**事務的ではなく血の通った対応に勝るものはありません。**

そして最後に、クレームを起こしたスタッフに対して単に叱りつけるのではなく、お客様にご迷惑をお掛けしてしまった事実を反省し、二度と同じミスを繰り返さないような成長への導きも必要です。

Q9 採用募集をかけても人が集まりません。どうすれば応募してもらえるのでしょうか？

■人手不足の課題は尽きない

「船坂さん、うちで働いてくれる人を紹介してもらえないですか」

といった、採用に関する相談は本当に多くなりました。

新型コロナウイルスで、失業者は増え、企業側もとりあえずお客様が戻ってくるまでは最小限の人数でオペレーションをしようと考えているので、いったんは人手不足による悩みは減るかもしれません。

しかし、このコロナ禍で生まれた新たな仕事に人が流れたり、少子高齢化がさらに進み労働人口が減ることも踏まえると、**コロナが収束してお客様が戻ってきたときに、一気にまた人手不足に陥る可能性は十分にあり得ます。**

私は以前、全国18店舗を運営するウェディング企業から、サービス品質調査の依頼を受けました。それは全国の店舗に定期的にうかがい、結婚式当日のゲスト来館時のお迎えから、挙式場への誘導、披露宴のサービスまでをトータルに調査・診断してフィードバックをする仕事です。

多くのウェディング施設は、平日の需要が少なく週末に集中します。

したがって、結婚式当日はパート、アルバイトスタッフが多く、そのパート、アルバイトのパフォーマンスによってサービス品質が大きく変わるというのが現状です。

そして、その18施設の調査を重ねるうちに、あることに気づきました。

それは、調査に行くたびに、「パート、アルバイトスタッフが、いつも入れ替わっている施設」と、「パート、アルバイトスタッフが、いつも同じメンバーで運営している施設」があるということです。

当然、いつもメンバーが入れ替わっている施設は、常に不慣れなメンバーを抱えているため、サービス品質が低く、支配人は常にスタッフ探しとシフトの調整に四苦八苦しています。

一方で、いつも同じメンバーでサービスしている施設は、サービス品質が高く、アルバイトスタッフも週末はバイトするのが当たり前となっており、支配人も余裕です。

18の施設は、地方によって多少差はあるものの、基本的な処遇や福利厚生の条件はすべて同じです。

それなのになぜ、これだけの違いが生まれるのでしょうか？

■大切なのは「求人内容」ではなく「普段のおこない」

それは、そこで働いているスタッフが**「自分の働いている職場を誰かに紹介したいか？」どうかの差**に尽きます。

アルバイトたちの中には大学生も多く、当然、卒業時期になると人員が不足しがちになり、前者の支配人は求人活動に追われます。

しかし、後者の支配人はあわてません。

なぜならば、卒業していく学生アルバイトスタッフたちが後輩を紹介して、連れてきてくれるからです。

つまり、その**学生アルバイトスタッフたちは、「後輩が大切にされるかどうか」を普段の仕事の中で見極めている**のです。

この例に限らず、常に求人媒体でコストをかけても人が集まらずに苦労している店舗がある一方で、働いているスタッフの紹介ですぐに人員補充ができる店舗もあります。中には、店舗に「スタッフ募集」のポスターを貼り出しただけで、お客様から「以前からスタッフの皆さんがイキイキと働いているこの店で働きたかったんです」と応募がある店舗があることも事実です。

いつも求人で困らないためには、求人内容だけでなく、常にスタッフやお客様に対してどのような姿勢で、どのような組織を作っているかが重要であり、働くスタッフが大切な知人を紹介したくなるような「普段のおこない」こそが大切です。

Q10

業務に忙殺されて自分の心に余裕が持てません。どうすれば余裕が持てるようになるのでしょうか？

■心に余裕を持てるようになるには

「常に忙しくて、心に余裕が持てない」

これもよく相談されるリーダーの悩みのひとつです。

心に余裕が無いから笑顔でいられない。部下も忙しそうな上司を見て話し掛けにくい。その結果、思うようにいかず、リーダーのイライラ感が部下に伝わり、部下はますます萎縮してしまう……。リーダーのコンディションによってこんな悪循環を起こしてしまっている組織は多くあります。

こういう状況のときの解決策としては、「部下に仕事を振る」「権限委譲をする」といったことがまずは考えられるのですが、組織によっては、「部下も手一杯で振るメンバーがいない」「アルバイトばかりでさすがに任せられない」といった状況もあり得ます。

ではこのような場合、どうすればよいのでしょうか？

それは**「あなたの器を大きくする」**ということです。

誰しも自分はちっぽけで、もっと成長して器の大きい人間になりたいと思っているのではないでしょうか。

私自身も、前職の婚礼支配人になりたてのときは、お客様への接客業務に加えてマネジメントの仕事も増えて、頭の中はパンパンになってまったく心に余裕が持てませんでした。そのときに、「これくらいのことはサクっと余裕でこなせる自分になりたい」と思ったものです。

以来、そんな自分になるために常に心掛けたことがあります。

それは**「蛇口を止めない」**ということです。

自分の器を「コップ」、仕事を「水道から出てくる水」とたとえて考えてみます。最初は自分の器に水（仕事）が入ってきても空のコップの状態なので余裕です。ところがコップに水がだんだん溜まってきて、いよいよコップから水が溢れようとするとき、つまり仕事量が自分のキャパシティを超えようとするときに、人はふたつのタイプに分かれます。

■心に余裕が「持てる人」と「持てない人」の違い

ひとつは水道の蛇口を止める人、つまり**それ以上の仕事を受け入れない人**。

そして、もうひとつは、そのまま蛇口を止めないで溢れさせる人。

つまり、自分の**キャパシティを超えても仕事を受け続ける人**です。

前者の水道の蛇口を止める人は、自分の器を今の自分以上に大きくすることはできません。

しかし、蛇口を止めないで溢れさせる人は溢れている間は余裕もなく、ミスも起きやすい状態が続きますが、しばらくするとその仕事量が当たり前になり、処理速度も増します。そして、いつの間にか自分のコップ、つまり自分の器がひとまわり大きなコップにバージョンアップしています。

そんなことを繰り返すうちに、いつまで経っても蛇口を止めてしまって器の大きさが変わらない人と、何でも受け入れて蛇口を止めずに溢れさせる人とでは、**成長の度合いが1年ではそんなに変わらなくても、5年、10年経ったときには大きな違いになります。**

忙しいときや自分が「いっぱいいっぱい」のときに何か仕事を頼まれると、人はどうしても嫌な顔をしてしまいがちです。

しかし、自分の器を大きくするためだと思えば「ハイ、喜んで」と笑顔で受け入れられるようになります。

あなたの可能性は無限大です。

「自分はもうできない」「これ以上は無理」と蛇口を止めてしまうのではなく、自分の器であるコップにより多くの水が溜まるように、蛇口を止めずに受け入れる。それによって、コップを超えてバケツくらいまで自分の器を大きくしてください。

Q11

どのようにすれば、NO.2を育てられるのでしょうか？

■NO.2が力を発揮できるような環境を整備

NO.2が不在で、リーダーばかりが多忙を極めている組織をよく見掛けます。

すでに、役職でNO.2の存在が明確になっているのであれば、そのメンバーをいかに育てるかということになります。

しかし、中には役職者が不在で該当するメンバーがいないといったケースもあり、その場合は、今いるメンバーの中からあなたがNO.2にすべきメンバーを決めて育てることが必要です。

そういう私も、前職の婚礼支配人時代には管理職は私一人だけで、部下は横一線で役職者は一人もいませんでした。

しかし、15名の組織を束ねる上でNO.2は必須であると考え、メンバーの中からあるメンバーを選抜しました。

ただ選抜されたからといって、昇格するわけでもなく、給料が上がるわけでもありません。そこで私は、NO．2の責任を担ってもらうために、

「NO．2メンバーに対する承認と期待」
「NO．2メンバーのこれからのさらなる成長」
「NO．2メンバーが組織にさらなる貢献ができるやりがい」

を軸にそのメンバーと向き合い、NO．2メンバー自身にメリットがあることをしっかりと伝え、自覚を持たせることから始めました。

そして、次にNO．2の力を発揮できるような環境を整備しました。

ただ単にNO．2に任命するだけではなく、そのメンバーがリーダーシップが発揮できるように組織の役割分担を見直し、プレーヤーの業務を減らし、私の仕事の一部を任せていきました。

そして、組織の全メンバーに対してそのメンバーがNO．2であることを公言して、私に相談する前にNO．2を必ず通すことを組織内に徹底したり、それまでは私が独断で意

思決定していたところを、意思決定をする前に必ずNO．2に相談することも心掛けました。

このような取り組みの中でNO．2という存在が確立していき、組織内で起こる日々の課題の解決はNO．2に任せ、私はこれからの戦略に集中していくことができました。

■NO．2を育てる上で注意すること

強いリーダーシップを持っているリーダーは特に気をつけていただきたいのですが、NO．2に任せたつもりでも、途中で「物足りない」と感じてつい口を出してしまい、NO．2のやる気を削いでしまうことがあります。

また、あなたの影響力が強ければ強いほど、組織のメンバーは「NO．2に相談するより、あなたに相談したほうが手っ取り早い」と思うもの。NO．2の意見は反映されずに、結局はあなたの意思で組織が動いているとメンバーが認識すれば、メンバーはNO．2に相談をせずに、あなたに相談してしまいます。

したがって、NO．2を**任せた以上はそれを前提に、NO．2の意見を尊重し、フィードバックを重ねながら成長を促すことが重要**であり、他メンバーからあなたに相談されて

も、そこでアドバイスをせずに、NO．2への相談を促すことが大切です。

中には、NO．2に該当するメンバーがいないという組織もあると思いますが、その場合は、役割分担を工夫して、各役割ごとにNO．2的な存在を作り、それぞれの役割を先頭に立って担ってもらうという方法もあります。

いずれにしても、与えられた「人財」というリソースをどう生かして戦力化すれば勝てるチームにできるのか、これはリーダーとしての醍醐味のひとつです。

そして、あなた自身がプレーヤーではなくマネージャーとしてやるべき仕事をする上でも、**あなたが次のステージを目指す上でもNO．2の存在は欠かせません。**

私の好きな言葉で、松下幸之助氏の「道は無限にある」という言葉があります。

人がいない、リーダー向きの人財がいないと嘆くよりも、「道は無限にある」という視点に立ち、今ある組織でどのように戦っていくのか、NO．2も含めた戦略を考えてみてください。

読者特典

ホスピタリティチームになるためのワークシートを読者限定プレゼント！

私が研修やコンサルティングで実際に活用しているワークシート（記入例付き）と、ホスピタリティチームを作るリーダーになるためのマネジメントチェックシートを、読者の皆さま限定で特別にプレゼントさせていただきます。292ページに掲載のURLまたはQRコードからアクセス・ダウンロードして、ぜひご活用ください。

シート① 自分の信念を見つける5つの問い

第1章の「13『薄っぺらい』リーダーだった私も、『自分の信念』を持つことで大きく変われた」の中で、リーダーシップを発揮する上で、自分の信念を持つことの重要性をお伝えしました。この「自分の信念を見つける5つの問い」（84ページ掲載）は、自分自身が仕事に対して持っている「想い」から信念を導くためのワークシートです。

シート②　なりたい自分・セルフホスピタリティシート

第4章の「05　部下が『やりたい』と感じる目標と部下が『負担』と感じる目標の違い」の中で、目標設定のあり方の重要性をお伝えしました。

この「なりたい自分・セルフホスピタリティシート」（183ページ掲載）は、なりたい自分が「職場」や「お客様」、「社会」に対して、どのような貢献に繋がるかを「利己思考」ではなく「利他思考」で明確化するホスピタリティ軸の目標設定シートです。

シート③　この仕事の「意味・意義」を導き出す4つの問い

第4章の「08　部下の目が『輝き続ける』マネジメントと『曇ったまま』のマネジメントの違い」の中で、新人が配属された際、職場のルールや実務を教える前に、「この仕事の意味・意義を伝える」大切さをお伝えしました。

シート③「この仕事の『意味・意義』を導き出す4つの問い」（199ページ掲載）は、新人の配属時はもちろん、部下に日々伝えるべき仕事の意味・意義を、リーダー自身の仕事に対する「価値観」から導くシートです。

シート④　ホスピタリティチーム・マネジメントチェックリスト

　こちらは本編にはありませんが、この本の内容を総括的にまとめたリーダーのためのマネジメントチェックシートです（左ページの図）。

　ホスピタリティチームになるために必要なマネジメントを、「リーダーシップ」「組織環境」「人財育成」「目的・目標」の4カテゴリーからチェックすることができます。

　1問5点で全20問、１００点満点になっておりますので、自分は何ができていて、何ができていないのか、自分の足りないところはどこなのかをチェックしていただき、今後のマネジメントにお役立てください。

※シート①～④は、以下のＵＲＬまたはＱＲコードからダウンロードしてください。

URL：https://thehospitalityteam.jp/download/

ホスピタリティチーム・マネジメントチェックリスト

ホスピタリティチームになるために必要なマネジメントを、「リーダーシップ」「組織環境」「人財育成」「目的・目標」の4カテゴリーからチェックすることができます。

1問5点で全20問、100点満点となっておりますので、ご自身のマネジメントで足りないところはどこかをチェックして、マネジメントの改善にお役立てください。

No.	リーダーシップ	YES	NO	YESの得点
1	明るく元気にふるまい、メンバーに対して愛情を持って接していて、その愛情は部下にも伝わっている	□	□	/25
2	部下を信頼して、自分が責任を取ることを前提に任せられるところは任せている	□	□	
3	部下のことをいつも気に掛けていて、誰にでも平等に声掛けができている	□	□	
4	良いことも、悪いことも部下からの提言がしやすく、それを否定しないで受け入れている	□	□	
5	機嫌、不機嫌の波はなく、部下の大変さや苦労に対して敬意を払い、ねぎらいや感謝の想いを伝えている	□	□	
No.	組織環境	YES	NO	YESの数
6	職場は明るく、みんな元気でムードが良い	□	□	/25
7	組織内のコミュニケーションは良好で、上司、部下関係なく何でも言いやすい環境がある	□	□	
8	意思決定やアイデア出しなど全員参加を意識したマネジメントができている	□	□	
9	メンバーのモチベーション、組織に対するロイヤリティ(忠誠心)が高い	□	□	
10	組織内の情報はきちんと共有されていて、風通しの良い組織文化になっている	□	□	
No.	人財育成	YES	NO	YESの数
11	新人を育成する教育システムが体系化されていて、早期戦力化に向けて計画的に育成されている	□	□	/25
12	新人以外のメンバーの成長を促進するための仕組みが構築されている	□	□	
13	上司の期待を部下にしっかり伝えていて、部下はその期待を理解している	□	□	
14	部下にチャンスを積極的に与えて、成長の機会を作っている	□	□	
15	メンバーの強み、弱みを把握して、そのメンバーの適材適所も考慮した上で業務、役割が与えられている	□	□	
No.	目的・目標	YES	NO	YESの数
16	スタッフ自身がこの仕事にやりがいを見い出し、主体的に目標に取り組むような動機付けができている	□	□	/25
17	企業としてのミッション、経営理念が部下に浸透し、行動にまで落とし込まれている	□	□	
18	目標設定は、各スタッフのやる気を引き出すような設定、伝え方が工夫されている	□	□	
19	部署の目標はメンバー全員に共有され、目標達成に対する意識が高い	□	□	
20	上司は部下のなりたい自分や自己実現を把握していて、それに対するサポートができている	□	□	

合計　　　　　点/100点

おわりに
――接客・サービス業こそが、コロナ後の日本を明るく元気にする！

最後までお読みいただき、本当にありがとうございます。

今年、私たちにとって衝撃的な出来事がありました。

それは、新型コロナウイルス感染症の世界的な流行です。


これまで、接客・サービスを通して、お客様のことを想い、お客様と触れ合いながら、時には元気を、時には笑顔を、時には感動をお客様に提供してきました。


そんなことが当たり前だと思う毎日を過ごしてきた中で、事態は一変しました。

「人と会ってはいけない」

「人と触れ合ってはいけない」

「人と人の間隔を2メートル以上空けなくてはいけない」

それまでは人手不足でとても忙しく、お客様に接客することが苦痛になったり、嫌になったりしていた人もいたはずです。

しかし、今回の件で、お客様が来てくださること、自分のサービスを受けていただけることが、当たり前ではなく、「有難い（ありがたい）」ことなんだということを、私自身も痛烈に感じました。

そして、自宅待機する中で、**人に会ってはいけないということが、我々サービス業に携わる者にとってどんなに苦しいことか**も味わいました。

少しずつ普段の生活に戻っていく中で、私が恐れていることがあります。

それは、コロナ禍で培われた、

「人には会わないほうがよい」

「関わらないほうがよい」

「密にならないほうがよい」

という人々の思考です。

この人と人との距離感が、「物理的な距離」だけでなく「心の距離」まで離れていく気がしてなりません。

確かに、このことをきっかけにテレワークが進み、会社に行かなくてよくなるかもしれません。さらにネットショッピングも進み、人を介して何かを買う必要性が無くなるかもしれません。食事もレストランに行かずに、宅配で済むかもしれません。

しかし、「**人間は人間によってのみ、大きな喜びやしあわせを得られる**」と私は考えます。

これからの未来において、人との関わりを減らすということは、

「人間としての喜びやしあわせを削ることになる」

と危惧しています。

本書の中でも、これからの時代は「モノ」ではなく「心」の時代とお伝えしたのに、そんな、人と人との関係が希薄な世の中になってよいのでしょうか？

よいわけがありません。

そして、その**「人間による喜びやしあわせ」に最も貢献できる仕事こそ、接客・サービス業**にほかなりません。

したがって、この新型コロナウイルスで心が疲弊している人々（お客様）に、私たちの接客・サービスを通じて、「喜びやしあわせを実感していただくこと」が、私たちができる社会への貢献であり、使命であると考えます。

まさに、**私たち接客・サービス業が頑張ることが、日本が明るく元気になる原動力となる**のです。

それには、接客・サービス業の現場で頑張っているリーダーの皆さんの力が本当に必要なのです。

また、本書を読み進める中で、

「書いてあることは分かるけど理想論だ」

「自分はそんなキャラクターではないから、部下の前でいきなり人が変わったようにふるまえない」

と思った方もいると思います。

私自身も、今でも接客・サービス業の実務者であり、このようなことを書いていても、正直、できていないことのほうが多いと感じています。

しかし、マネジメントはゼロか100かではありません。

まずは本書の中で書かれていた内容で、「自分が共感できたところ」や「自分がやらなければならないと思ったところ」から、あなた自身の「なりたいリーダー像」を明確にして、自分ができることから始めてみてください。

それが、「昨日の自分と今日の自分のわずかな違い」を生み、その積み重ねがやがて、あなた自身が目指す理想のリーダーの実現を引き寄せます。

【あなたのなりたいリーダー像】

そして、本書ではあえてリーダーとしていますが、企業にとって最終的なリーダーはやはり社長です。社内で最も影響力がある社長が、本書のような「思考」や「行動」を心掛けることが、企業という組織をホスピタリティチームに導く近道であることも付け加えさせていただきます。

接客・サービス業ほど、人をしあわせな気持ちにできる、笑顔にできる仕事はほかにはありません。

この仕事に、リーダーであることに自信と誇りを持って、ここからが再出発です。共に頑張りましょう！

最後に、今回、日本ホスピタリティ推進協会の会合で平澤周さんに出会わなければ、本書の出版はありませんでした。感謝の言葉では言い尽くせないほど感謝しております。PHP研究所の中村編集長には、企画段階から出版まで多岐にわたりアドバイスをいただき、自分の想いや考えをたくさん引き出していただきました。心より御礼を申し上げます。

そして、ホスピタリティの大切さを教えてくれた両親、愛すべきスタッフたち、これまで30年間サービス産業で仕事をさせていただけたのも、今まで出会った皆さまと濃密な時間を過ごさせていただいた賜物です。心より感謝申し上げます。

本書が、皆さまの「輝きのある明日」の一助になれれば幸いです。

２０２０年10月

船坂光弘

【参考文献】

・『ホスピタリティ・コーディネータ教本』ＮＰＯ法人日本ホスピタリティ推進協会／日本ホスピタリティ教育機構

・『ホスピタリティ・マネジメント学原論』服部勝人著／丸善

・『実務でつかむ！ティール組織』吉原史郎著／大和出版

・『日本の優れたサービス』松井拓己・樋口陽平著、サービス産業生産性協議会協力／生産性出版

・『奇跡の職場 新幹線清掃チームの働く誇り』矢部輝夫著／あさ出版

【参考動画（YouTube）】

・株式会社　東京カモガシラランド

〈著者略歴〉

船坂光弘（ふなさか・みつひろ）

ザ・ホスピタリティチーム株式会社代表取締役／ホスピタリティ・コンサルタント

1969年、長野県松本市生まれ。高校時代には甲子園を目指すも、レギュラーはおろかベンチにも入れず、ムードメーカー兼応援団としてチームを支える。

大学は日本大学理工学部に入学するも、大学２年のときに旅行ツアーのアルバイト添乗員にハマる。そこでサービス業の素晴らしさに目覚め、理系を捨てて、地元松本市に開業するホテルブエナビスタにオープニングスタッフとして入社。以来17年間、ベルマン、フロント、ハウス、セールス、バンケット、企画、宴会予約、ウェディングなど様々なセクションを経験し、現場でホスピタリティを体現した。

33歳のときにはウェディング部門の最年少支配人に抜擢されたものの、リーダーシップやマネジメントのやり方が分からず、業績は下がる一方で挫折の日々を送る。そんな中、ホテル業績向上のプロジェクトが立ち上がり、なぜかリーダーを任される。このプロジェクトが大きな転機となり、成果を残す上でお客様へのホスピタリティだけでなく、社内や仲間へのホスピタリティ、組織運営の大切さを痛感。結果として、前年287組だった婚礼組数が451組に増加し、売上1.9倍を達成。その年の全国ホテルウェディングのランキングでは、売上増部門で全国第１位となり、地方ホテルとしては異例の日本一のプロジェクトとなった。

その経験から「ホスピタリティこそサービス業の核心だ」と実感し、2008年にザ・ホスピタリティチーム株式会社を開業。「ホスピタリティで人を輝かせる」を企業ミッションに、サービス業専門の経営課題を解決するコンサルタントとして、これまでに500社以上の支援、年間250日のコンサルティング・研修実務、延べ１万人を超える受講生をサポートしてきた。

一般論ではなく、サービス業のプロとしてハンズオンで現場と向き合い、経営と現場を繋ぎながら成果に導く手法はクライアントからの評価も高い。ホテル、旅館、ウェディング、百貨店、トリマー、ドレスショップ、病院、介護施設、住宅メーカー、不動産、美容、エステ、スーパーマーケット、ＩＴなど様々な企業への支援を全国で展開している。

著書に『人を生かして勝ち抜く最強マネジメント』（セルバ出版）、『ホスピタリティを経営戦略に生かし収益を最大化する５大ポイント』（日本コンサルティング推進機構）がある。

◆ザ・ホスピタリティチーム㈱
ホームページ

◆YouTube チャンネル
「船坂光弘のホスピタリティビジネスメソッド」

接客・サービス業のリーダーにとって一番大切なこと
お客様からもメンバーからも熱愛される「ホスピタリティチーム」の作り方

2020年11月26日　第1版第1刷発行

著　者　船坂光弘
発行者　後藤淳一
発行所　株式会社ＰＨＰ研究所
東京本部　〒135-8137　江東区豊洲5-6-52
第二制作部　☎03-3520-9619（編集）
普及部　☎03-3520-9630（販売）
京都本部　〒601-8411　京都市南区西九条北ノ内町11
PHP INTERFACE　https://www.php.co.jp/

組　版　株式会社PHPエディターズ・グループ
印刷所　大日本印刷株式会社
製本所　東京美術紙工協業組合

ISBN978-4-569-84775-7